Träger
Zitieren 2.0

Zitieren 2.0

Elektronische Quellen und Projektmaterialien richtig zitieren

von

Prof. Dr. Thomas Träger

3., überarbeitete und erweiterte Auflage

Verlag Franz Vahlen München

Prof. Dr. Thomas Träger lehrt an der Steinbeis-Hochschule und ist akademischer Leiter der SBA/Management School.

Hinweis: Alle Quellen wurden nach bestem Wissen und Gewissen recherchiert und sind im Literatur- und Quellenverzeichnis mit dem Zugriffsdatum versehen. Für spätere Änderungen übernehmen Verlag und Autor keine Gewähr.

ISBN PRINT 978-3-8006-6767-3
ISBN E-Book (E-PDF) 978-3-8006-6768-0
ISBN E-Book (E-PUP) 978-3-8006-6769-7

Satz: Fotosatz Buck
Zweikirchener Str. 7, 84036 Kumhausen
Druck und Bindung: Beltz Grafische Betriebe GmbH
Am Fliegerhorst 8, 99947 Bad Langensalza
Umschlaggestaltung: Ralph Zimmermann – Bureau Parapluie
Bildnachweis: © Wavebreakmedia – depositphotos.com

Gedruckt auf säurefreiem, alterungsbeständigem Papier (hergestellt aus chlorfrei gebleichtem Zellstoff)

Vorwort zur dritten Auflage

Erneut danke ich den Studentinnen und Studenten sowie allen Kolleginnen und Kollegen für die Rückmeldungen zur zweiten Auflage. In der Zitationsarbeit mit Firmenquellen hat sich der erweiterte Kurzbeleg weiterhin bewährt. Vielfach wurde der Wunsch geäußert, die Zitation von (elektronischen) Gesetzestexten und als weitere Quellenart Gerichtsurteile zu behandeln. Diese Anregungen habe ich gerne angenommen und neben kleineren Korrekturen in der aktuellen Auflage umgesetzt.

Landshut, Oktober 2021 *Thomas Träger*

Vorwort zur zweiten Auflage

Die erste Auflage des Buches wurde gut angenommen und durch die Arbeit mit Studierenden laufend geprüft. Besonders dankbar bin ich den Studierenden und Rezensenten, die durch ihre Rückmeldung eine inhaltliche Weiterentwicklung des Buches zu dieser zweiten Auflage ermöglicht haben. Folgende Änderungen und Ergänzungen wurden neben der laufenden Korrektur vorgenommen:

- Ein neues Kapitel zur Arbeit mit Zitationssoftware, insbesondere Citavi, wurde ergänzt. Dort ist auch beschrieben, wie Leserinnen und Leser die Stylevorlage zum Zitieren 2.0 downloaden und installieren können.
- Eine der häufigsten Anregungen war, ein Stichwortregister zu ergänzen. Diesem Wunsch bin ich gerne nachgekommen.
- Ergänzt wurden die Hinweise zur Trennung von URLs. Die in der ersten Auflage propagierte Teilung mittels der Kombination von Sonderzeichen („|“) und Bindestrich stellte in den Arbeiten der Studentinnen und Studenten häufig eine Fehlerquelle dar. Es werden nun auch Alternativen angeboten.

Herzlich danke ich den Masterandinnen Frau B.Eng. Nadine Weiß und Frau B.A. Sabrina Koch. Frau Weiß hat das Citavi-Zitierschema umgesetzt und sich aktiv bei diesem Thema eingebracht. Frau Koch hat die erste Auflage sorgsam durchgesehen und damit zur laufenden Korrektur beigetragen.

Landshut, April 2018 *Thomas Träger*

Vorwort zur ersten Auflage

Der Entschluss zu diesem Buch verfestigte sich durch meine Tätigkeit als wissenschaftlicher Betreuer und Lehrkraft an der Steinbeis-Hochschule Berlin. Besonderes didaktisches Merkmal der Steinbeis-Lehre ist das Projekt-Kompetenz-Studium, wonach Studierende für ihre wissenschaftlichen Qualifizierungsarbeiten ein von einem Unternehmen initiiertes Projekt unter wissenschaftlichen Gesichtspunkten bearbeiten müssen. Für den Wissenstransfer müssen Bezüge zu firmenspezifischen, internen Gegebenheiten in die Arbeit eingebracht und somit wissenschaftlich korrekt belegt werden.

Eine besondere Herausforderung ist für die Studierenden dabei regelmäßig die Frage, wie unternehmensinterne Quellen sowie aktuelle Forschungsergebnisse aus dem Internet zitiert werden sollen. Entsprechend häufig sind dazu die Fragen in meinen Sprechstunden.

Daher habe ich bereits 2013/2014 eine „Richtlinie zum Zitieren firmeninterner Quellen" an meine Studenten herausgegeben. Diese Richtlinie und ihre Weiterentwicklungen bilden den Nukleus des vorliegenden Buches. Die hier zusammengetragenen Anregungen und Tipps sind damit durch mehrere hundert Seminar-, Bachelor- und Masterarbeiten praktisch geprüft.

Gleichwohl gilt, dass es für das Zitieren elektronischer und firmeninterner Quellen noch nicht „die eine richtige" Zitierweise gibt. Wie Sie auch in diesem Buch lesen werden, haben Hochschulen, deren Fakultäten, die Lehrstühle und sogar einzelne Dozenten eventuell genaue Vorgaben erlassen, wie in einer dort eingereichten Arbeit zu zitieren ist. Diese Vorgaben haben immer Vorrang. Dort, wo es keine exakten Vorgaben gibt oder bestimmte Zitierformen und Sonderfälle nicht geregelt sind, will das vorliegende Buch Ratgeber und Hilfestellung sein.

Für ihre Unterstützung bei diesem Buch danke ich Frau Nathalie Meier-Walser und Herrn Thomas Ammon vom Verlag Franz Vahlen.

Landshut, April 2016 *Thomas Träger*

Inhaltsverzeichnis

Abbildungsverzeichnis

Tabellenverzeichnis

A. Einführung

Als Studierende befinden Sie sich auf dem Weg zu einem elitären Club: Der „**Scientific Community**". Mitglied werden Sie, indem Sie Ihr Studium vollenden und im Zuge dessen die von Ihnen geforderten wissenschaftlichen Qualifizierungsarbeiten (Seminar- und Hausarbeiten sowie die Abschlussarbeit) meistern. Damit demonstrieren Sie unter anderem, dass Sie die Grundregeln der wissenschaftlichen Arbeit beherrschen.

Zu den Grundregeln des wissenschaftlichen Arbeitens gehören:

- Eine wertneutrale Sicht des Forschungsgegenstandes,
- die Offenlegung der angewandten Arbeitsmethoden,
- eine objektive, wissensvermittelnde Sprache,
- die Definition benutzter Begriffe und die Darstellung verwendeter Modelle,
- eine kritische Distanz zu fremdem Wissen,
- die vollständige Benennung der genutzten Quellen,
- die korrekte Zitation von Übernahmen aus anderen Werken sowie
- die korrekte Beschreibung der in der Arbeit verwendeten Daten(-quellen).

Viele der Grundregeln beziehen sich direkt oder indirekt auf den richtigen Umgang mit fremdem Gedankengut. Es haben sich dazu in der Wissenschaftsgemeinschaft im Verlauf der Wissenschaftsgeschichte bestimmte Regeln und Konventionen etabliert, die festlegen, was man als Quelle einer wissenschaftlichen Arbeit nutzen darf, wie man eine Quelle identifiziert und wie man Übernahmen aus der Quelle als direktes oder indirektes Zitat kennzeichnet.

Zwei Entwicklungen stellen für die Grundregeln des wissenschaftlichen Arbeitens neue Herausforderungen dar:

- Das **Internet** und die elektronischen Medien sind **selbstverständlicher Alltag** für Wissenschaftler, Dozenten und Studierende. Es ist nur konsequent, dass sich die neuen Medien und die Möglichkeiten ihrer Nutzung auch in wissenschaftlichen Arbeiten niederschlagen. Die **Grundregeln** der wissenschaftlichen Quellenarbeit **orientieren sich** jedoch **noch immer** am **Papier**. Viele Fragen zur Arbeit mit dem Internet und elektronischen Quellen sind noch nicht durch einheitliche Standards beantwortet.

- Die **dualen Studiengänge** stellen mit ihren **projektorientierten Abschlussarbeiten** eine neue, dritte Form wissenschaftlicher Arbeiten neben reiner theoretischer Literaturarbeit und empirischer Forschungsarbeit dar. Allerdings sind die Grundregeln der Quellenarbeit nicht für die Publikationen von Unternehmen oder gar firmeninterner Dokumente entwickelt worden. Auch hier besteht eine **Lücke** zwischen gewachsenen **Regeln** und **Praxis dualer Abschlussarbeiten**.

Kurzum, es fehlen noch Regeln für das moderne „**Zitieren 2.0**". Dieses Buch erläutert Ihnen die wissenschaftliche Quellenarbeit unter besonderer **Fokussierung** auf das **Internet, elektronische und firmeninterne Quellen**. Es liefert Ihnen Vorschläge und zeigt Wege, wie Sie Fundstellen, z. B. aus dem Internet oder aus Unternehmensdokumenten, als Belege in Ihre Arbeit übernehmen und die Quellen korrekt zitieren.

B. Grundlagen wissenschaftlicher Quellenarbeit

Das folgende Kapitel bringt Ihnen die Grundlagen der wissenschaftlichen Quellenarbeit nahe. Es stellt den Zweck der Quellenarbeit dar und führt die für den Umgang mit Internet- und elektronischen sowie firmeninternen Quellen wesentliche Unterscheidung zwischen Wissens- und Datenquellen ein. Sie lesen auch, welche Anforderungen es an eine „gute Quelle" gibt.

Zum Abschluss des Kapitels finden Sie konkrete Hinweise zur Arbeit mit Quellen, insbesondere zum Zitieren. Diese sind universell nutzbar, da sie sich sowohl auf klassische Print- als auch auf neue Onlinequellen anwenden lassen.

I. Sinn und Zweck von Quellenangaben und Zitaten

Jede wissenschaftliche Arbeit folgt einem Gebot der Ökonomie, wonach man sich zunächst das bereits bekannte Wissen durch Studieren erschließt und ab da „neues Wissen" durch die eigene Arbeit generiert.[1] Zum Studium werden meist gedruckte und elektronische Bücher, Aufsätze, Studien und Internetveröffentlichungen diverser Autoren verwendet. Die unterschiedlichen Veröffentlichungsformen und Medienkanäle subsumieren wir unter dem Begriff der Quelle.

Als **Quelle** wird in diesem Buch im weitesten Sinne jedes Material bezeichnet, das für die wissenschaftliche Arbeit genutzt wird.

Der Quellenbegriff endet damit nicht bei der gedruckten Literatur und auch nicht beim Studium, also dem Wissenserwerb, er umfasst explizit auch alle empirischen und praxisbezogenen Materialien (z. B. Experteninterviews), die Eingang in die entstehende Arbeit finden.

Wissenschaftliches Arbeiten soll **objektiv** und **intersubjektiv überprüfbar** sein. Dritten ist die Einsicht, Kontrolle und Prüfung der Quellen zu ermöglichen, um die Wissensaufnahme, -verarbeitung und -wiedergabe des Autors zu bewerten.

---

[1] Die Ansprüche an den „Grad der Neuheit" schwanken naturgemäß mit der Art der Arbeit. Eine Seminar- oder Hausarbeit erfüllt den Anspruch in den Augen vieler Gutachter schon, wenn sie Literaturwissen neu kombiniert. Bei einer Bachelor- und bei einer Master-Arbeit sind die Ansprüche höher, liegen aber dennoch unter der Forderung vollkommen neuen Wissens.

Dies führt zu folgendem Grundsatz:

Grundsatz
Jede in der Arbeit verwendete Quelle muss angegeben werden und so beschrieben sein, dass sich ein interessierter Leser die Originalquelle oder ein inhaltsgleiches Exemplar zur Prüfung beschaffen kann.

Die Angabe der Quelle ist zudem eine rechtliche Voraussetzung dafür, dass die Nutzung fremder Leistungen und ihre Übernahme in die eigene Arbeit zulässig wird. Dies bestimmt das Urhebergesetz (UrhG), §63 Absatz 1 UrhG.

Damit ein Leser zwischen dem aus der Quelle genutzten Wissen und der Eigenleistung des Autors unterscheiden kann, sind sinngemäße und wörtliche Übernahmen aus fremden Werken unbedingt zu kennzeichnen. Dies fordert die **Zitierpflicht**.

Grundsatz
Jeder aus einem fremden Werk übernommene Inhalt, bei dem es sich auch um einen bloßen Gedanken handeln kann, und jede wörtlich übernommene Textstelle sind in der eigenen Arbeit unbedingt zu kennzeichnen. Dazu wird das sog. Zitat (Synonym: der Beleg) verwendet.

Das **Zitat** ist Ergebnis des **Zitierens**. Es handelt sich dabei um eine **Technik**, mit der man sich eine **fremde Leistung legal** zu Eigen macht. Der Gesetzgeber erklärt Übernahmen fremder Leistungen per Zitat in **§51 UrhG** unter bestimmten Bedingungen für zulässig: Das sog. **Kleinzitat** (§51 Nr. 2 UrhG) erlaubt die Übernahme einzelner Stellen, das seltener anzutreffende sog. **Großzitat** die Übernahme ganzer Werke (§51 Nr. 1 UrhG).

Was genau alles der **Zitierpflicht unterliegt**, stellt Studierende manchmal vor Probleme: Schließlich stammt der größte Teil unseres Wissens nicht von uns selbst, sondern wurde von Dritten geschaffen.

Eigene Überlegungen sind nicht zitierpflichtig. Ebenfalls **nicht zitierpflichtig** sind:

- Generelles Wissen (Allgemeinwissen) und
- fachliches Allgemeinwissen des Studienganges,

insbesondere wenn beides thematisch nicht im Zentrum der Ausführungen steht. *Theisen* nennt ergänzend einfache mathematische Formeln, die ebenfalls von der Zitierpflicht ausgenommen seien.[2]

[2] Vgl. Theisen, Wissenschaftliches Arbeiten, 2017, S. 161.

Beispiel

Üblicherweise nicht zitierpflichtig ist **generelles Wissen** in der Form:

Die Bundesrepublik Deutschland ist Teil der EU.

Ausnahme: Das Thema der Arbeit lautet etwa „Exporterleichterungen in gemeinsamen Wirtschaftsräumen", dann erfordert dies eine besondere Betrachtung der Zugehörigkeit zur EU als Vertreter eines Wirtschaftsraumes.

Als **allgemeines Fachwissen** muss der Begriff „Kosten" bei einer beiläufigen Verwendung üblicherweise nicht definiert und seine Quellenherkunft nicht zitiert werden.

Ausnahme: Das Thema der Arbeit lautet z. B. „Konzeption und Einführung eines Kostenrechnungssystems bei der XY GmbH". Hier haben der Kostenbegriff und seine definitorische Abgrenzung zu Ausgabe, Auszahlung und Aufwand eine wesentliche Bedeutung.

Das **Zitat nennt** üblicherweise auch die sog. **Fundstelle**. Die Fundstelle ist der **Ort** innerhalb der Quelle, an dem der Leser den **übernommenen Inhalt** nachvollziehen kann. Je nach Umfang des zitierten Inhalts und der Medienart kann die Fundstelle eine einzelne Seitenzahl (z. B. S. 8), eine Seitenspanne (S. 12–14) oder – bei anderen als gedruckten Medien – eine Foliennummer, eine Zeitangabe oder ähnliches sein.

Sinnhaftigkeit und Zweck von **Quellenangabe** und der Arbeit mit **Zitaten** ergeben sich neben den wissenschaftlichen Bräuchen, also konkret der oben erläuterten **Zitierpflicht**, und rechtlicher Erfordernis auch aus ethischen Überlegungen. Korrekte Zitation ist in dreifacher Hinsicht ein **Gebot der Fairness**:

- Eine korrekte Zitation ist Zeichen der Fairness dem ursprünglichen Verfasser gegenüber: Er teilt sein Wissen und seine Leistung mit der „Scientific Community" und darf daher zu Recht Anerkennung durch die Nennung als Urheber erwarten.
- Bei den größeren wissenschaftlichen Qualifizierungsarbeiten (Studienarbeiten, Projektarbeiten, Bachelor- und/oder Master-Thesis) unterzeichnet der Studierende als Verfasser üblicherweise eine so oder so ähnlich benannte „Eigenständigkeitserklärung", wonach für die vorliegende Arbeit alle Quellen und Übernahmen durch Kennzeichnung als Zitat offengelegt worden sind. Dies bringt einen „Vertrauensvorschuss" beim Gutachter der Arbeit: Ist in der Arbeit eine Aussage oder Schlussfolgerung nicht belegt, geht dieser davon aus, dass es sich um die Leistung des Verfassers handelt. Das wissentliche oder leichtfertige Unterlassen einer Zitation ist damit unfair, da es das entgegenbrachte Vertrauen missbraucht.
- Zuletzt ist die korrekte Arbeit mit Belegen Ausdruck von Fairness gegenüber den Kommilitonen. Die Anforderungen an die wissen-

schaftliche Arbeit sind für alle Studierenden eines Kurses identisch. Illegitime Abkürzungen zum Ziel sind unfair gegenüber allen Kommilitonen, die ehrlich arbeiten.

Ein **Verstoß gegen die Pflicht**, alle verwendeten **Quellen offenzulegen** und jegliche Übernahme **fremder Leistungen zu kennzeichnen**, wird daher als besonders schweres Vergehen gegen die wissenschaftlichen Gepflogenheiten gewertet. Ohne große Toleranz seitens der Hochschulen und der Gutachter wird in einem solchen Fall von einem **Plagiat** gesprochen.

Grundsatz
Der Verstoß gegen die Pflicht zur Offenlegung der Quellen sowie der Kennzeichnung übernommener fremder Leistungen ist unbedingt zu vermeiden. Er stellt jede Arbeit sofort unter Plagiatsverdacht.

II. Wissens- und Datenquellen

Quellen lassen sich in **Wissens- und Datenquellen** differenzieren. Mit ihnen werden jeweils unterschiedliche Arten von Aussagen belegt.[3]

Wissensquellen geben das Fach- und Methodenwissen zu einem Thema aus theoretischer Sicht wieder. Sie sind das Ergebnis von Forschungsarbeiten und ordnen ihren Inhalt in ein Wissensgebiet ein. Sie liefern Definitionen, Theorien und modellhafte Zusammenhänge.

Typische Wissensquellen sind sowohl in offline- als auch online-Form:

- Fachzeitschriften (Journals),
- Fachbücher,
- Dissertationen,
- veröffentlichte Forschungsberichte etc.

Durch die Arbeit mit Wissensquellen wird der aktuelle Stand der Forschung erschlossen und für die eigene wissenschaftliche Arbeit nutzbar gemacht. Wissensquellen sind der **wissenschaftliche Grundstock** jeder Arbeit. An sie müssen hohe qualitative Anforderungen gestellt werden, denn ihre Güte überträgt sich bei korrekter Verwendung gleichsam auf die zitierende Arbeit.

Datenquellen beschreiben Sachverhalte der realen Welt. Mittels Daten, Fakten, Texten, Grafiken, aber auch Unternehmensbeispielen etc. zei-

[3] Vgl. Fachbereich IB der DHBW Mannheim (Hrsg.), Quellenarten [Online], 2015, S. 1.

gen sie die praktische Seite des Literaturwissens. Sie sind Repräsentanten der Wissensquellen.

Datenquellen schaffen in einer wissenschaftlichen Arbeit **aktuelle Bezüge**. Dies kann sowohl für klassisch als auch dual Studierende wertvoll sein:[4]

- Hochschulen vergeben Themen für Studien- und Abschlussarbeiten, die **empirische Fragestellungen** enthalten oder sogar überwiegend empirisch angelegt sind. Die Darstellung wesentlicher wirtschaftlicher Kennzahlen aus diversen Geschäftsberichten eines Samples kann beispielsweise ein Szenario für die Verwendung von Datenquellen sein.
- Dual Studierende wählen für ihre Studien- und Abschlussarbeiten eine **praxisbezogene Problemstellung** an der Schnittstelle von Wissenschaft und Praxis. Meist stammt diese aus dem Ausbildungsbetrieb und wird auch dort von einer Führungskraft praktisch betreut. Datenquellen werden dann zum Beispiel genutzt, um die spezifische Situation des Unternehmens zu verdeutlichen oder um im Rahmen einer Projektarbeit die Rahmenbedingungen der Arbeit zu belegen.

Typische Datenquellen sind:

- Veröffentlichungen von Behörden und Institutionen,
- Geschäftsberichte und Jahresabschlüsse,
- Produktdatenblätter, Prospekte, Kataloge,
- Meinungen und Kommentare,
- Audio- und Video-Dateien,
- Aufzeichnung zum Produktionsverlauf, Qualitätsdaten etc.

Qualifizierungsarbeiten, die Studierende während des Studiums anfertigen, müssen die Fähigkeit zum eigenständigen wissenschaftlichen Arbeiten belegen. Wissensquellen sind daher stets unverzichtbares Fundament jeder Arbeit. Die Datenquellen schmücken die Zusammenhänge praxisorientiert aus.

Beispiel

Es wird eine Projektarbeit mit folgendem Titel verfasst:

„Konzepte zur Erhöhung der Gesamtanlageneffektivität in der Fertigung – dargestellt am Beispiel der XY-Auto-Zulieferer GmbH"

[4] Vgl. Alberth, Zitieren des Internets, 1998, S. 1370; Fachbereich IB der DHBW Mannheim (Hrsg.), Hinweise [Online], 2016.

Wissensquellen	Datenquellen
Liefern theoriebasiertes Wissen zu dem Fach- und Methodenkorsett einer wissenschaftlichen Arbeit.	Illustrieren mit Daten, Fakten, Beispielen etc. die praktische Bedeutung sowie Umsetzung des Literaturwissens.
Nutzung der Wissensquellen für: • Einbettung des Themas in den größeren Kontext „Total Productive Maintenance" • Konzept der Gesamtanlageneffektivität (Overall Equipment Effectivness, OEE) und ihrer Kennzahlen • Definition von Wartung und Instandsetzung, Ausfall, Zeiten etc. • Berechnungsformel der OEE = Verfügbarkeit x Leistung x Qualität • Sieben Qualitätswerkzeuge nach Ishikawa für Fehlererfassung und Fehleranalyse • Ansätze der Literatur zur Erhöhung der OEE	Nutzung der Datenquellen als Belege für: • Stillstandzeiten laut interner Berichte der Instandsetzung, benötigt für die Berechnung des Verfügbarkeitsfaktors • Daten der Produktionsplanung zur Berechnung des Leistungsfaktors • Berichte des Qualitätsmanagements zur Berechnung des Qualitätsfaktors • Protokolle der Instandsetzung, um Fehler nach Art und Häufigkeit auszuwerten • Kalkulationen zu gefertigten Produkten, um die wirtschaftliche Bedeutung des Ausfalls zu ermitteln • Experteninterviews mit Meistern des Unternehmens zu Verbesserungen

Tabelle 1: Beispielhafte Wissens- und Datenquellen für eine Projektarbeit

Wissensquellen (wissenschaftliche Quellen) und Datenquellen (z. B. firmeninterne Quellen) sind Belege für verschiedene Aspekte einer praxisorientierten wissenschaftlichen Arbeit!

An dieser Stelle soll auf zwei **Fehler** hingewiesen werden, die Studierenden in diesem Zusammenhang häufig unterlaufen: Datenquellen

- werden als Wissensquellen genutzt und sollen diese ersetzen,
- werden als Beweis für die Inhalte von Wissensquellen genutzt.

Beispiel (Fortsetzung)

Die beiden Fehler werden an dem vorher eingeführten Beispiel zur OEE deutlich:

Im ersten Fall wird z. B. ausschließlich eine firmeninterne Datenquelle (evtl. ein internes Handbuch) genutzt, um die Berechnungsformel der OEE zu belegen. Das ist falsch, denn diese Praxisquelle kann allenfalls belegen, wie in diesem konkreten Unternehmen die Gesamtanlageneffektivität berechnet wird.

Beispiel (Fortsetzung)

Im zweiten Fall wird z.B. die bereits genannte firmeninterne Datenquelle genutzt, um nach einem Abgleich mit der Wissensquelle deren Richtigkeit als bestätigt anzusehen. Das ist falsch, denn hier wird versucht, Wissenschaft mit Praxis erklären zu wollen. Dies kehrt den Zusammenhang um.

Studierende sollen sich hier vor einem Trugschluss hüten: Nur weil etwas mit einem Zitat belegt werden kann, wird die Quelle deshalb nicht automatisch „wahr“ und „richtig“.

Wissens- und Datenquellen werden per Zitat für die eigene Arbeit nutzbar gemacht.

Grundsatz

Sowohl für Wissens- als auch für Datenquellen gilt, dass sie bestimmten Anforderungen genügen müssen. Dies sind die Zitierfähigkeit, Zitierwürdigkeit und Themenrelevanz.

Die genannten Anforderungen an eine Quelle werden im nächsten Punkt präzisiert.

III. Anforderungen an Quellen

Im Rahmen der Recherche zu Ihrer wissenschaftlichen Arbeit kommen Sie mit einer Vielzahl an Büchern, Aufsätzen und Informationen aus dem Internet in Kontakt. Falls Sie Ihre Arbeit in einem Unternehmen schreiben, lässt sich diese kurze Aufzählung mindestens um interne Dokumente, Powerpoint-Folien und ähnliche Datenquellen ergänzen. Die schiere Menge an Material führt zu der Überlegung, was davon Sie in Ihrer Arbeit als Quellen verwenden sollten. Auf diese Frage gibt es keine pauschale Antwort, sie muss für jede Quelle durch Prüfung mehrerer Kriterien individuell beantwortet werden.

Drei Kriterien entscheiden darüber, ob eine spezielle Quelle in der Arbeit zitiert werden kann. Jede genutzte Quelle muss:

- zitierfähig,
- zitierwürdig und
- themenrelevant

sein. Verwenden Sie eine Quelle nur, wenn diese drei Kriterien zusammen erfüllt sind. In den folgenden Unterpunkten erfahren Sie, was die Begriffe **Zitierfähigkeit**, **Zitierwürdigkeit** und **Themenrelevanz** ausmacht.

1. Zitierfähigkeit

Die **Zitierfähigkeit** beschreibt die **technisch-formale Güte** einer Quelle. Wissenschaftliches Arbeiten lebt unter anderem von der Objektivität der Darstellung und der intersubjektiven Überprüfbarkeit der genutzten Theorien, Modelle und Erkenntnisse. Eine Quelle ist in diesem Sinne zitierfähig, wenn der interessierte Leser sie selbst beschaffen und nachprüfen kann. Technisch-formal muss die Quelle dazu **veröffentlicht** worden sein.

Bücher und **wissenschaftliche Fachzeitschriften**, die von etablierten Verlagen verlegt werden, **sind zitierfähig**. Mit ihrem Erscheinen werden sie von der Deutschen Nationalbibliothek archiviert und zudem von Universitätsbibliotheken und anderen öffentlichen Bibliotheken erworben. Dieser Prozess stellt in Verbindung mit den Möglichkeiten zur Literaturrecherche sicher, dass derart veröffentlichte Publikationen zum Zweck der Nachprüfung von Zitaten und Quellen vor Ort einsehbar oder per Fernleihe beschaff- und kontrollierbar sind.

Für die gängigen Wissensquellen einer wissenschaftlichen Arbeit ist dieser Ansatz der Zitierfähigkeit schlüssig und sehr praktikabel. Bei Themen, die aktuellste Entwicklungen der Wissenschaft aufgreifen oder entsprechende Daten benötigen, entstehen mit diesem Verständnis von Zitierfähigkeit Probleme: Die Forderung nach **klassischer Veröffentlichung** durch Verlage offenbart ein sehr enges und **traditionelles Verständnis** von Zitierfähigkeit.

Sobald man sich vergegenwärtigt, dass es letztlich doch um die **Überprüfbarkeit** der zitierten Aussagen und Daten geht, wird die Palette an zitierfähigen Quellen deutlich breiter und umfasst zum Beispiel auch die sog. „graue Literatur".

Als „**graue Literatur**" werden alle Veröffentlichungen bezeichnet, die von Institutionen, Unternehmen oder Einzelpersonen ausgehend verlagsungebunden zur Verfügung gestellt werden, über keine ISBN und meist über keine ISSN verfügen und zudem üblicherweise nicht in Bibliotheken archiviert werden.[5] Zur grauen Literatur werden gezählt:[6]

- Forschungsberichte,
- interne Papers,
- Vorlesungsskripte,
- öffentliche Berichte einer Behörde,
- Merkblätter und Formulare,
- Pressemitteilungen,

5 Vgl. Bortz/Döring, Forschungsmethoden, 2006, S. 360.
6 Vgl. Althaus, Graue Literatur [Online], 2012.

- Geschäftsberichte,
- Quartalsveröffentlichungen,
- verschriftlichte Reden von Politikern, Vorständen,
- etc.

Forschungsberichte werden von Hochschulen als Print-Exemplar oder auch online über den Webserver der Einrichtung veröffentlicht und stehen damit zumindest für eine begrenzte Zeit „der Öffentlichkeit" zur Verfügung. Es können Kopien der zugänglich gemachten Fassung angefertigt und weiterverbreitet werden. Eine Nachprüfbarkeit der Quelleninhalte ist damit gegeben, wenn sie auch schon mit mehr Rechercheaufwand verbunden ist und damit schwieriger als bei klassisch zitierfähigen Quellen.

Der technisch-formale Aspekt der Zitierfähigkeit ist also immer erfüllt, wenn die Quelle derart beschrieben werden kann, dass sie (wieder-)beschaffbar und die per Zitat in ihr referenzierte Stelle beschreibbar ist.

Grundsatz

Zitierfähig ist jede Quelle, die eindeutig identifiziert, verortet, zugänglich und in der zitierten Fassung dauerhaft verfügbar ist.

Konkretisiert werden diese Kriterien wie folgt:

- Eindeutigkeit: Die Quelle muss durch ihren Autor, den Titel sowie ggf. ergänzende Informationen so genau beschrieben sein, dass sie unzweideutig bestimmt wird. Beispielsweise gibt es eine Vielzahl von Personal-Lehrbüchern, die den Titel „Personalmanagement" tragen. Erst die Angabe des oder der Autoren, des Veröffentlichungsjahres, des Ortes und ggf. der Auflage lassen ein bestimmtes Personalmanagement-Buch in einer bestimmten Fassung für einen Dritten eindeutig werden.
- Verortbarkeit: Damit ist der Standort einer Quelle spezifiziert. Dies ist erforderlich für die Recherche zur Quelle und deren Prüfbarkeit. Er kann indirekt bestimmbar sein wie bei einem veröffentlichten Buch, dessen konkreter Standort über einen Literaturkatalog ermittelt wird. Bei unkörperlichen, elektronischen Veröffentlichungen kann er als Server- und Verzeichnisadresse, unter der die Publikation abgerufen werden kann, auch direkt angegeben sein.
- Zugänglichkeit: Sie bestimmt, ob ein Dritter die Quelle verwenden kann. Bestände öffentlicher Bibliotheken sind zugänglich, der Bestand einer privaten Bibliothek ist es nicht unbedingt und firmeninterne Strategiepapiere – aber auch weniger kritische Inhalte aus dem Intranet eines Unternehmens – werden typischerweise als Betriebsinterna unzugänglich sein.

- Dauerhaftigkeit: Sie bestimmt sich danach, ob die Quelle auch in der Zukunft einseh-, prüf- und nutzbar ist. Für den Bestand einer Bibliothek ist die Dauerhaftigkeit anzunehmen. Bei einer Internetadresse ist dies nicht ohne weiteres zu beantworten. Die mögliche Veränderung oder gar Löschung von Serverinhalten stellt hier ein Problem dar.

Öffentlich verfügbare Herstellerinformationen (Produktdatenblätter, Handbücher etc.) sind damit zitierfähig.[7] Doch nicht immer werden alle diese Kriterien perfekt erfüllt sein. Dies kann am Beispiel eines Vorlesungsskripts verdeutlicht werden: Autor (Name des Hochschullehrers), Titel (Vorlesungsname) und Fassung (Semester) sind leicht ermittelbar, auch der Ort (Sitz der Hochschule/Fakultät) ist bestimmbar. Aber eine Zugänglichkeit zum Skript ist wegen der fehlenden klassischen Veröffentlichung nicht gegeben. Zitierfähigkeit im traditionellen Sinn liegt hier nicht vor.

Über der **Zitierfähigkeit** steht jedoch die **Zitierpflicht**. Sie ist eines der „obersten Gebote" des wissenschaftlichen Arbeitens. Folglich muss jede verwendete Quelle – auch die eigentlich nicht zitierfähigen – angegeben werden.[8]

Dem Ansatz dieses Buches folgend, kann Zitierfähigkeit hergestellt werden. Dies gilt für jede Art von Quelle, für die die oben genannten Kriterien als erfüllt gewertet werden können. Beispielsweise lässt sich Eindeutigkeit durch eine größere Menge an Informationen eher erreichen und die Zugänglichkeit kann durch eine Übernahme der Quelle in den Anhang der Arbeit oder auf eine begleitende DVD sichergestellt werden.

Grundsatz
Zitierfähigkeit kann hergestellt werden, indem die Quelle exakt beschrieben und für den Leser der wissenschaftlichen Arbeit verortet und dauerhaft zugänglich gemacht wird.

Möglichkeiten und genaue Wege zur Herstellung oder Verbesserung der Zitierfähigkeit werden im weiteren Verlauf dieses Buches in den jeweiligen Kapiteln zu elektronischen Quellen und dem Internet, zu

[7] Vgl. Balzert/Schröder/Schäfer, Wissenschaftliches Arbeiten, 2015, S. 208.

[8] So sehen es auch viele andere Autoren: *Rossig* verweist darauf, dass bei ausnahmsweiser Verwendung nicht-zitierfähiger Materialien diese so genau wie möglich zu belegen und ggf. im Anhang zu dokumentieren sind, vgl. Rossig, Leitfaden, 2011, S. 146; *Theisen* schränkt die Verwendung solcher Materialien zwar auf Ausnahmefälle ein, bejaht aber deren Zitierpflicht, vgl. Theisen, Wissenschaftliches Arbeiten, 2017, S. 160; *Jele* sieht die Nutzungsmöglichkeit der Quelle bei möglichst exakter Spezifikation, vgl. Jele, Zitieren, 2012, S. 10.

öffentlich zugänglichen Firmenquellen und zu firmeninternen Quellen beschrieben.

An dieser Stelle soll dem Entstehen eines Missverständnisses bereits vorgebeugt werden: Nur weil eine Quelle prinzipiell zitierfähig ist – wie das als Beispiel genannte unveröffentlichte Vorlesungsskript – bedeutet dies nicht, dass die Quelle auch zitiert werden sollte. Darüber entscheiden die beiden folgenden Punkte, Zitierwürdigkeit und Themenrelevanz.

2. Zitierwürdigkeit

Eine Quelle ist **zitierwürdig**, wenn sie wissenschaftlichen Qualitätsansprüchen genügt oder in einer Art zum Erkenntnisgewinn der Arbeit beiträgt, der mit streng wissenschaftlichen Quellen ansonsten nicht realisierbar ist.

Ist eine Quelle **nicht zitierwürdig**, *sollte* sie in einer wissenschaftlichen Arbeit **nicht verwendet** werden. Ein absolutes Verbot des Zitierens einer solchen Quelle kann es nicht geben: Sie müssen wahrheitsgemäß die Quellen angeben, die Sie genutzt haben – auch, wenn diese gemäß den Ausführungen in diesem Kapitel als nicht zitierwürdig gelten könnten.

Grundsatz
Die Zitierpflicht steht immer über der Zitierwürdigkeit. Geben Sie auch eventuell „nicht zitierwürdige" Quellen wahrheitsgemäß an, wenn Sie diese verwendet haben.

Warum wird dann überhaupt in **zitierwürdig** und **nicht zitierwürdig** unterschieden? Zu Beginn einer wissenschaftlichen Arbeit, wenn Sie noch in der Phase der Literaturrecherche und -beschaffung sind, lohnt es sich, von Anfang an bei allen Quellen strikt auf deren Zitierwürdigkeit zu achten. Das Studium „nicht zitierwürdiger" Quellen sollte man nicht intensivieren und diese weniger wertigen Quellen durch „bessere" ersetzen.

Die **Frage nach der Zitierwürdigkeit** lässt sich nicht absolut beantworten. Vielmehr muss jede Quelle individuell und in Relation zu anderen Quellen beurteilt werden, wobei ein wesentlicher Aspekt ist, ob es sich bei ihr um eine **Wissens- oder Datenquelle** handelt.

Wissensquellen stellen für jede Arbeit den theoriegeleiteten Input der Wissenschaft dar. Entsprechend hoch sind hier die qualitativen Anforderungen an die Wissenschaftlichkeit. Zitierwürdig sind alle Quellen, die einen wissenschaftlichen Review-Prozess durchlaufen haben und in der jeweiligen Disziplin als **Fachzeitschrift** anerkannt sind. Für die

Betriebswirtschaftslehre erstellt der *Verband der Hochschullehrer für Betriebswirtschaft e.V.* (VHB) auf der Grundlage von Urteilen seiner Mitglieder eine Liste mit relevanten Zeitschriften. Die dort als „A+", „A", „B", „C" oder „D"-Journal klassifizierten Zeitschriften sind alle in studentischen Arbeiten zitierwürdig.[9]

Neben Zeitschriften werden **Fachbücher** eine weitere wesentliche Quellenkategorie sein und auch für die zahlreichen Internetquellen benötigt man ein allgemeingültiges Beurteilungsschema.

Eine Wissensquelle wird umso stärker als zitierwürdig eingestuft, je ausgeprägter die folgenden Punkte erfüllt sind.

Hinsichtlich der **Autorenschaft** und der **Publikation** der Quelle sind zu prüfen:

- Der Autor der Quelle ist im wissenschaftlichen Kontext als Fachautor bekannt,
- die Quelle behandelt thematisch einen Bereich, den der Autor mit seiner Forschung/seinen Veröffentlichungen bekanntermaßen bearbeitet,
- die Quelle ist auf eine Art veröffentlicht, die typischerweise für Wissenschaftlichkeit steht: Dies kann über einen renommierten Fachverlag sein, eine Fachzeitschrift mit „Peer-Review" oder auf dem Webserver einer wissenschaftlichen Einrichtung.

Inhaltlich ist die Wissensquelle wie folgt zu prüfen:

- Die Quelle hat einen eigenen wissenschaftlichen Aussagewert, es handelt sich bei ihr um eine sog. Primärquelle,
- sie kennzeichnet durch Belege ihre Übernahmen aus anderen Werken,
- sie hat einen wissenschaftlichen Aufbau, d.h. sie ist bei einem Aufsatz (Journal-Beitrag) entsprechend gegliedert mit Abstract, Einleitung, Hauptteil oder theoretischer/empirischer Teil sowie einem Schluss/Fazit, sie deckt ein Thema in der Breite des Wissensgebietes oder aber spezielle Teile daraus fachlich vertieft ab,
- die Arbeit reiht sich in einen wissenschaftlichen Kontext ein und erscheint als ein Band aus einer Reihe unter der Herausgeberschaft eines Experten.

Die beiden genannten Aufzählungen lassen sich erweitern. Bei Brink findet sich beispielsweise ein wesentlich umfangreicherer Kriterienkatalog zur Prüfung der Zitierwürdigkeit vor bzw. nach der eigentlichen Beschaffung der Quelle.[10]

---

[9] Methodische Hinweise zum Ranking sowie die Rankings selbst finden sich im Internet unter: <http://vhbonline.org/service/jourqual/vhb-jourqual-3/>, Zugriff am: 21.04.2016.

[10] Vgl. Brink, Prozessorientierter Leitfaden, 2013, S. 116–123.

Kein Kriterium für die Zitierwürdigkeit ist das **Erscheinungsjahr einer Quelle**. Wenn Sie beispielsweise über „Teambuilding" schreiben, stoßen Sie in Ihrer Recherche wahrscheinlich auf ein grundlegendes Modell zur Teamentwicklung nach *Tuckmann*, wonach sich die Teamleistung in fünf Phasen ausbildet. Dieses Modell stammt aus dem Jahr 1965. Es ist in neuen Werken durchaus dargestellt. In einer Abschlussarbeit wird erwartet, dass Sie sich mit dem Original als Wissensquelle befassen und keine Rezitate verwenden. Der Zitierpflicht gehorchend muss also Literatur von 1965 zitiert werden.

Beispiel

Sie wollen für Ihre Arbeit den Begriff „Marketing" definieren, da Marketing auch im Titel Ihrer Arbeit vorkommt und den Kern Ihrer Arbeit ausmacht. Ihnen sind im Rahmen der Recherche folgende alternative Quellen für eine Definition untergekommen:

1. Becker, Jochen: Marketing-Konzeption – Grundlagen des ziel-strategischen und operativen Marketing-Managements, 10., überarb. und erw. Auflage, Verlag Franz Vahlen, München, 2013.
2. Schmalen, Helmut/Pechtl, Hans: Grundlagen und Probleme der Betriebswirtschaftslehre, 14. Aufl., Schäffer-Poeschel Verlag, Stuttgart, 2009.
3. Wikipedia (Hrsg.): Marketing [Online], verfügbar unter: <https://de.wikipedia.org/wiki/Marketing>, Zugriff am: 31.03.2016.

Wie lässt sich hier die Zitierwürdigkeit beurteilen? Im ersten Fall (Becker) handelt es sich um einen anerkannten Fachautor im Bereich Marketing. Dies gilt aber auch für die beiden Autoren der zweiten Quelle (Schmalen/Pechtl), die beide einen Lehrstuhl für Absatzwirtschaft und Handel bzw. Marketing inne hatten bzw. haben.

Die erste Quelle befasst sich dediziert mit „Marketing", wohingegen die zweite ein einführendes Lehrbuch darstellt, in dem Marketing nur ein behandelter Themenbereich ist. Daher ist die Zitierwürdigkeit der ersten Quelle in diesem speziellen Fall höher einzuschätzen.

Nicht zitierwürdig ist Wikipedia: Es sind keine Aussagen zum Autor (Realname) und seiner/ihrer Fachkompetenz möglich. Ein Mechanismus zur Qualitätssicherung fehlt Wikipedia (noch). Daher ist eine Zitierwürdigkeit von Wikipedia als Wissensquelle abzulehnen.

Eine Hilfestellung für die Frage, ob eine konkrete Quelle in Ihrer Arbeit als Wissensquelle zitiert werden kann, gibt die sog. „**Aufwärtsregel**": Danach ist eine Quelle immer dann zitierwürdig, wenn sie von ihrem Typ her „höher stehend" als die eigene Arbeit ist. Für eine studentische Abschlussarbeit sind andere Abschlussarbeiten nicht zitierwürdig, da sie gleichrangig sind. Fachbücher oder die Aufsätze, auf die sich die Fachbücher ihrerseits beziehen, sind dagegen zitierwürdig.

Allgemeine Lehrbücher sind an manchen Lehrstühlen zitierwürdig, an anderen nicht. Gegen die Zitierwürdigkeit spricht, dass Lehrbücher „nur" das Wissen der Fachbücher zusammentragen und damit eine

Sekundärquelle darstellen. Bei einem hohen wissenschaftlichen Anspruch sollten Studierende daher die **Originalquellen (Primärquellen)** suchen, selbst lesen und sich die Inhalte für ihre eigene Arbeit erschließen. Studierende sollten mit ihrem Betreuer klären, ob Lehrbücher aus seiner Sicht als zitierwürdig gelten oder nicht.

Nicht zitierwürdig sind aus wissenschaftlicher Sicht **Publikumszeitschriften** und **Trivialliteratur**.[11] Dennoch kann es wegen aktueller Bezüge, auf Grund des Themas oder zur Verdeutlichung praktischer Implikationen eines theoretischen Ansatzes gewollt sein, diese oder ähnliche Quellen zu zitieren. In diesem Fall ist die Verwendbarkeit als **Datenquelle** zu prüfen.

Für **Datenquellen** sind die **formalen Anforderungen** an die Zitierwürdigkeit **geringer**. Die Quellen müssen nicht „Peer-Reviewed" sein. Beispielsweise kann aus Tageszeitungen zitiert werden, wenn es darum geht, die öffentliche Meinung zu einem Forschungsgegenstand zu belegen.[12]

Die **Zitierwürdigkeit einer Datenquelle** bemisst sich nach der Kompetenz ihres Urhebers und ihrer inhaltlichen Güte. Zu prüfen sind zumindest folgende Fragen:[13]

- Bekleidet der **Urheber beruflich** eine **Funktion**, die im sachlichen Zusammenhang zum Inhalt der Quelle steht? Ist es daher wahrscheinlich, dass die Ausführungen sachlich richtig sind?
- Hat der **Urheber** eine **Position** inne, die ihn (rechts-)verbindliche Äußerungen für ein Unternehmen machen lässt?
- Gibt es **formale oder inhaltliche Mängel** bei der untersuchten Quelle? Formal sollte eine Quelle frei von orthografischen und grammatikalischen Mängeln sowie sauber formatiert sein. Inhaltlich müssen die Ausführungen korrekt sein und eigenen Plausibilitätsprüfungen standhalten.
- Wie ist die **Aktualität der Quelle** zu beurteilen? Datenquellen sollten stets den aktuellen Stand repräsentieren, es sei denn, man führt bewusst eine historische Betrachtung durch.
- In welchem **Kontext** wird eine Quelle vorgefunden? Ist sie ein Informationsangebot einer bekannten Institution, Teil einer renommierten Tageszeitung oder deren Internetangebots? Für **firmeninterne Datenquellen** kann der Kontext auch ein sog. **Container** sein, in dem

[11] Vgl. Theisen, Wissenschaftliches Arbeiten, 2017, S. 160; Stickel-Wolf/Wolf, Wissenschaftliches Arbeiten, 2013, S. 230; Leist, Richtlinien [Online], 2010, S. 8.

[12] Vgl. Heesen, Wissenschaftliches Arbeiten, 2014, S. 56.

[13] Die genannten Kriterien sind teilweise Analogien zu Brinks Beurteilung von Internet-Dokumenten, vgl. Brink, Prozessorientierter Leitfaden, 2013, S. 125.

sich die Quelle befindet: Das Organisationhandbuch, das Qualitätsmanagement-Handbuch sind beispielsweise solche Container.

- An welche **Zielgruppe** richtet sich die Quelle? Ist es die allgemeine Öffentlichkeit oder ein stärker fachkundiger Teil davon?
- In welcher **Absicht** wurde eine Quelle erstellt? Soll sie werbliche Argumente kommunizieren, wie dies bei einem Prospekt der Fall ist, oder dokumentiert sie möglichst objektiv bestimmte Zahlen wie z. B. Statistiken? Nutzt die Quelle eine neutrale Sprache und ebensolche Formulierungen, verzichtet sie auf Übertreibungen und Superlative?

Bei **Datenquellen** beurteilt man deren **Zitierwürdigkeit** am besten mit einer **kritischen Distanz**: Bei der Verwendung von Tageszeitungen sollte man beispielsweise immer bedenken, dass die dort schreibenden Journalisten eben keine Wissenschaftler sind. Ihr Metier ist nicht die umfassende, möglichst nachvollziehbare, objektive Darstellung, sondern das schlaglichtartige Fokussieren auf eine Nachricht oder ein Thema. Es gelten zudem andere Arbeitsprinzipien: Seine (Informations-)Quellen darf der Journalist geheim halten, um diese zu schützen. Für den Wissenschaftler ist dies undenkbar. Beides kann die Zitierwürdigkeit einer journalistischen Quelle einschränken.

Unveröffentlichte Vorlesungsskripte sind weder als Wissens- noch als Datenquelle zitierwürdig. Vorlesungsskripte sind Sekundärquellen. Als Begleitmaterialien zu Lehrveranstaltungen geben sie Wissen (z. B. Definitionen) oder Daten (z. B. Arbeitsmarktzahlen) wieder, die sämtlich durch echte Wissensquellen (Fachbücher) oder Datenquellen (Veröffentlichungen des Statistischen Bundesamtes) im Original (Primärquelle) und damit in höherer Güte zitiert werden können.

Abschließend noch ein Hinweis, wie man mit „nicht zitierwürdigen" Quellen umgeht, die aber genutzt wurden und daher gemäß Zitierpflicht angegeben werden müssen: Nennen Sie die Quellen voll und argumentieren Sie im Hauptteil der Arbeit, warum Sie diese genutzt haben. Bedenken Sie, dass Sie bei bewusstem Verschweigen der Quelle ein Plagiat produzieren!

3. Themenrelevanz

Themenrelevanz ist gegeben, wenn die Quelle einen direkten, treffgenauen inhaltlichen Beitrag zur zitierenden wissenschaftlichen Arbeit leistet.

Zur Beurteilung der Relevanz einer Quelle muss daher zunächst eine **Themenreflexion** der eigenen Arbeit stattfinden: Wie lautet der **Titel** und welches **Ziel** verfolgt die Arbeit? Bei der Reflexion des Titels muss man sich die Bedeutung eines jeden Wortes bewusst machen. Dieser

Prozess liefert zunächst gute Suchbegriffe für die Literaturrecherche und ermöglicht später, dass man in Frage kommende Quellen hinsichtlich ihrer Themenrelevanz schnell „scannen" kann.

Beispiel

Eine Abschlussarbeit soll das Thema „Green Logistics im Verladebereich eines Logistikzentrums" behandeln. Gemäß Ziel der Arbeit geht es unter anderem um die Betrachtung der Nutzungsmöglichkeiten regenerativer Energiequellen. Folgende Quelle ist zitierfähig und zitierwürdig. Nun soll die Themenrelevanz beurteilt werden:

- Weyres-Borchert, B./Kasper, B.-R.: Solare Wärme: Technik – Planung – Hausanlage, Fraunhofer IRB Verlag, Karlsruhe, 2015.

Zum Ziel der Arbeit würde der Ansatz „Solare Wärme" passen. Das „Wording" der eigenen Arbeit stellt im Titel jedoch klar auf einen industriellen Kontext ab. Die Quelle betrachtet hingegen eine „Hausanlage", ihre Relevanz für ein „Logistikzentrum" ist auf den ersten Blick nicht gegeben.

Man sollte auch bereits eine gewisse **Vorstellung von der möglichen Gliederung** der eigenen Arbeit entwickelt haben. Geplante Kapitel stellen die **thematischen Schwerpunkte** der Arbeit dar.

Themenrelevant ist eine **Wissensquelle** dann, wenn:

- das Thema der Arbeit oder seine wesentlichen Bestandteile nicht nur als Unterpunkte eines Kapitels in der Quelle behandelt werden, sondern einen signifikanten Anteil am Gesamtumfang der Quelle haben,
- der Zweck der Quelle kompatibel mit dem Ziel der eigenen Arbeit ist.

Für eine **Datenquelle** ist die Themenrelevanz gegeben, wenn die Quelle:

- formal die gleiche oder eine vergleichbare Branche, Größenordnung, Ausrichtung behandelt, wie das Untersuchungsziel der Arbeit es vorsieht,
- Urdaten zum Untersuchungsgegenstand liefert, deren Aufbereitung und Auswertung die Prüfung von in der Arbeit behandelten Hypothesen ermöglicht,
- Belege liefert, wie die in der Arbeit genutzten Wissensquellen praktisch bei einem Unternehmen umgesetzt werden,
- allgemein einen Transfer von theoretischen Ausführungen auf spezifische Gegebenheiten der Praxis ermöglicht.

Kann die Themenrelevanz einer Quelle als drittes Kriterium bestätigt werden, steht der Verwendung als Quelle für die eigene Arbeit nichts mehr im Wege.

IV. Direktes, indirektes Zitat und Rezitat

Die folgenden Ausführungen beschreiben ganz allgemein, welche Formen von Zitaten es gibt und was bei ihrem Gebrauch zu beachten ist. Alle Übernahmen aus fremden Quellen sind ein Zitat. Es lassen sich zwei Arten von Zitaten unterscheiden:

- **Direkte Zitate**: Von einem direkten Zitat spricht man, wenn die zitierte Stelle aus der Quelle **wörtlich** in die eigene Arbeit übernommen wird. Direkte Zitate sind üblicherweise selten in einer wissenschaftlichen Arbeit.[14]
- **Indirekte Zitate**: Dabei handelt es sich um **sinngemäße**, sog. **paraphrasierte** Übernahmen aus der Originalquelle. Die Paraphrase ist der Standardfall der Zitation.

Ein **direktes Zitat** liegt vor, wenn bereits wenige, aber markante Worte aus einer anderen Arbeit wortgetreu übernommen werden. Damit der Leser erkennen kann, wo die Übernahme beginnt und endet, wird das wörtliche Zitat in doppelte Anführungszeichen gestellt. Das Zitat bezieht sich in seinem Quellenverweis zudem direkt auf die Fundstelle. Ein „Vergleiche" (Vgl.) ist damit überflüssig und darf auch nicht verwendet werden.

Beispiel: Direktes Zitat

Eine Arbeit über „Interkulturelles Management" verwendet im Fließtext das untenstehende direkte Zitat. Der Beleg zu dem Zitat erfolgt in diesem Beispiel in einer Fußnote und in reiner Kurzzitierweise:

> „Die chinesische Kultur ist nicht auf eine Weise anders, die man als Außenstehender beschreiben könnte. Wir verstehen sie einfach nicht."[2]
>
> [2] Meyer/Shen (2009), S. 12.

„Wörtliche Zitate sind peinlich genau zu übernehmen."[15] So müssen selbst Fehler in Rechtschreibung oder Grammatik oder Worte in alter Rechtschreibung mit abgetippt werden. Will man darauf hinweisen, dass die Fehler nicht auf eigene laxe Übernahmen zurückgehen, platziert man ein „[sic!]" unmittelbar hinter dem Fehler. Das „sic" bedeutet im Lateinischen „so ist es" und zeigt dem Leser, dass der Fehler beim Abtippen sehr wohl bemerkt wurde.

---

[14] Dies gilt nicht, wenn zahlreiche wörtliche Übernahmen zum Konzept der wissenschaftlichen Arbeit gehören. Ein Beispiel wären Textvergleiche zwischen Führungsleitbildern mehrerer Unternehmen.

[15] Schenk, Examensarbeit, 2005, S. 85.

Gerade wenn eine wörtliche Übernahme auf ihren markanten Teil reduziert werden soll, ist zu überlegen, wie man diesen flüssig in den eigenen Text integrieren kann. Dazu haben sich einige Standards etabliert.

Zeichenfolge	Bedeutung
[.]	Ein Wort wurde ausgelassen.
[...]	Mehrere Worte wurden ausgelassen.
[Ergänzung]	„Ergänzung" wurde zur flüssigen Lesbarkeit eingefügt.
[Erläuterung, Anm. d. Verf.]	Die „Erläuterung" dient dem Verständnis der wörtlichen Übernahme, dies ist eine Anmerkung des Verfassers/der Verfasserin.
„... ‚Zitat' ..."	Ein wörtliches Zitat im Zitat wird gekennzeichnet, indem die doppelten Anführungszeichen der Originalquelle in einfache Anführungszeichen umgewandelt werden.
[sic!]	„So ist es!" – Kennzeichnet Fehler in der Originalquelle.

Tabelle 2: Umgang mit wörtlichen Zitaten

Direkte Zitate sollte man **nur verwenden**, wenn man die übernommene Passage nicht besser formulieren kann oder wenn der **genaue Wortlaut wichtig** für die Interpretation ist. Wörtliche Zitate sind in wissenschaftlichen Arbeiten selten und sollten es auch sein. Für die **Beschränkung** ihrer **Zahl** und ihres **Umfanges** sprechen folgende Argumente:

- Eine wörtliche Übernahme ist keine Leistung: „Abtippen" kann jeder. Daher werden Passagen mit wörtlichen Übernahmen von einem Betreuer selten als etwas Positives gesehen. Zahlreiche und längere wörtliche Übernahmen summieren sich schnell zu einigen Seiten. Diese sind – wie gerade erläutert – nicht nur keine Leistung, sie nehmen bei einer vorgegebenen maximalen Seitenzahl der Arbeit auch Platz weg für die Eigenleistung des Studierenden.
- Es ist unwahrscheinlich, dass sich aus einer Aneinanderreihung wörtlicher Übernahmen eine eigene Arbeit mit einem durchgängigen „roten Faden" entwickelt.

Es ist verständlich, wenn Studierende nach einer „**Obergrenze**" fragen, bis zu der wörtliche Übernahmen legitim sind. Diese Frage kann man einzig wie folgt beantworten: Es gilt allein die **Zitierpflicht**. Wenn etwas wörtlich übernommen wurde, weil es die beste Form der Übernahme ist, muss diese als direktes Zitat gekennzeichnet werden.

Indirekte, sinngemäße Zitate sind demgegenüber unproblematisch. Sie werden eingesetzt, wenn die Inhalte der Quelle verdichtet und in eigenen Worten formuliert übernommen werden. Da sich der Inhalt nur sinngemäß in der Originalquelle findet, weist man den Leser auf diesen Umstand hin, indem ein „**Vergleiche**" (**Vgl.**) im Beleg vor der Quellenangabe gesetzt wird. Anführungszeichen rund um die sinngemäß übernommene Stelle werden nicht gesetzt.

Beispiel: Indirektes Zitat

Eine Arbeit über die „Konzeption und Implementierung eines Projektmanagements für die XY GmbH" befasst sich unten stehend mit der Definition des Projektbegriffs. Dazu wird eine sinngemäße Übernahme getätigt:

> Unter einem Projekt versteht man ein seltenes Vorhaben, das eine besondere Herausforderung für den Ausführenden darstellt.[2]
>
> [2] Vgl. Diethelm (2000), S. 2.

Der Beleg zu einem Zitat kann an verschiedener Stelle platziert werden. In einer Fußnote, wie in obigem Beispiel oder direkt im Text (sog. Harvard-Style). Die Positionierungsmöglichkeiten werden in einem späteren Gliederungspunkt noch ausführlich behandelt.

Sowohl wörtliche als auch sinngemäße Zitate sind grundsätzlich der Originalquelle zu entnehmen. Wird nicht die Originalquelle verwendet, so handelt es sich um ein sog. Rezitat. **Rezitate** sind Zitate „aus zweiter Hand". Sie entstehen, wenn ein anderer Autor über die Originalquelle berichtet und dieser Bericht in die eigene Arbeit übernommen wird.

Rezitate sind **grundsätzlich abzulehnen**, da sie die Gefahr bergen, dass dem zwischen Originalquelle und Ihrer Arbeit stehenden Autor bei der Interpretation der Quelle Fehler unterlaufen sind. Es wird daher von Studierenden erwartet, die **Originalquelle** zu **beschaffen** und selbst auszuwerten.

Beispiel eines „schlechten" Rezitats

So sollte man es **nicht** machen: *Prahalad/Hamel* werden aus einem Lehrbuch zitiert:

> Wettbewerbsvorteile haben nach *Prahalad/Hamel* ihre Wurzeln in der Kombination unterschiedlicher Fähigkeiten des Unternehmens.[2]
>
> [2] Vgl. Müller-Stewens/Lechner, Strategisches Management, S. 221.

Die Originalquelle ist leicht zu beschaffen. Im Text geben Müller-Stewens/Lechner alle benötigten Informationen. Bei EBSCO findet sich online der Originalartikel, hier wiedergegeben mit seinen vollständigen Quelleninformationen:

> Prahalad, C.K./Hamel, Gary: The Core Competence of the Corporation, in: Harvard Business Review. 68. Jahrgang, Heft 3, Mai/Juni 1990, S. 79–91.

Sollte dies einmal nur mit großem Aufwand möglich sein (Fernleihe ist kein Aufwand!), kann man sich behelfen, indem man offen mit der Situation umgeht und darauf verweist, hier nur die Sicht eines Dritten auf die Originalquelle wiederzugeben.

Beispiel eines guten Umgangs mit einem „unvermeidlichen" Rezitat

Bühner verweist zu den Hawthorne-Experimenten auf *Roethlisberger/Dickson*, die 1939 ihre diesbezüglichen Ergebnisse publizierten und dabei darstellten, dass Arbeitsergebnisse auch von psychischen Faktoren, dem Führungsstil und der Arbeitsatmosphäre abhängen.[3]

[3] Vgl. Roethlisberger/Dickson, Management and the Worker, Cambridge (Mass.), 1939, zitiert nach Bühner, Organisationslehre, 2004, S. 106.

Grundsätzlich bleibt jedoch der Rat bestehen, **Rezitate** nach Möglichkeit **vollständig zu vermeiden**.

Selbststudium

Beurteilen Sie die Zitierwürdigkeit:

- Gehen Sie Ihre gesammelte Literatur durch: Prüfen Sie für jede Quelle, ob es sich dabei um eine Wissens- oder Datenquelle handelt.
- Betrachten Sie die gefundenen Wissensquellen. Sind diese zitierwürdig? Notieren Sie die Quellen, bei denen Sie Zweifel haben.

C. Die korrekte Zitierweise wählen

Es gibt viele verschiedene Zitierweisen. Sie unterscheiden sich teilweise erheblich voneinander, indem sie gänzlich anders festlegen, wo der Beleg zu einem Zitat in der Arbeit einzubauen ist und wie der Beleg selbst gestaltet werden soll. Teilweise sind es dagegen nur Satzzeichen, die den Unterschied zwischen zwei Zitierweisen ausmachen.

Für Studierende entsteht so ein Wahlproblem, wie die korrekte Zitierweise für die eigene wissenschaftliche Arbeit bestimmt werden soll. In diesem Kapitel erfahren Sie, an welchen Richtlinien Sie sich orientieren sollten und wann Sie Ihre Wahlfreiheiten nutzen können.

I. Systematik und Priorisierung der Zitierweisen

Konzentriert man sich bei den Zitierweisen auf die „großen" Unterschiede zwischen ihnen, so sind es zwei Kriterien, die zu einer Systematisierung herangezogen werden können:

Das erste Kriterium betrachtet die Position der Belege in einer wissenschaftlichen Arbeit. Die Frage lautet: „Wo befinden sich die Belege zu einer zitierpflichtigen Stelle?" Sie können im Text stehen (sog. **Harvard-Stil**) oder sie können in Fuß- bzw. Endnoten verlagert sein (sog. **Chicago-Stil**).

Das zweite Kriterium betrachtet den Informationsumfang eines Beleges: „Wie sind die Belege gestaltet?" Belege können entweder direkt die gesamten Quelleninformation nennen (sog. **Vollbeleg**) oder sich minimalistisch auf die Information beschränken, die eine Identifikation der Quelle über ein zusätzlich zu nutzendes Literatur- und Quellenverzeichnis erlaubt (sog. **Kurzbeleg**, auch als **„Autor-Jahr-System"** bezeichnet), oder drittens den Kurzbeleg um ein Stichwort zum Titel der zitierten Quelle ergänzen, damit so die Leserfreundlichkeit erhöht wird (sog. **erweiterter Kurzbeleg**).

Die beiden Kriterien können teilweise kombinatorisch sinnvoll ergänzt werden, so dass sich beispielsweise eine Zitierweise **„Chicago-Stil mit Kurzbeleg"** ergibt. Bestimmte Kombinationen sind dagegen absolut unsinnig wie z.B. die Kombination „Harvard-Stil mit Vollbeleg": Bei einem solchen Konstrukt würde bei einer zitierpflichtigen Stelle ein unter Umständen mehrzeiliger Einschub zur Quelle erfolgen, der den Lesefluss und die klare Argumentation jeder wissenschaftlichen Arbeit nachhaltig stören würde.

Die wenigen resultierenden Grundformen ergeben jedoch eine **fast unüberschaubare Anzahl von Zitierweisen**, wenn man zusätzlich noch Feinheiten wie z.B. die Art des Belegankers (Fußnotenzeichen) oder formale Vorgaben (Trennzeichen zwischen den Namen mehrerer Autoren) mit einbezieht.

Wissenschaftsverbände, Lehrende, Hochschulen, Fakultäten bis hin zu Dozenten haben daher zur Vereinfachung **Zitierstile** gebildet, indem bewährte Zitiermöglichkeiten und deren Feinheiten zusammengefasst wurden. Die so entstandenen Zitierstile tragen oftmals die Namen der herausgebenden Institution (z.B. **Modern Language Assoziation,** kurz: **MLA**) und stellen einen „terminus technicus" dar, der die schnelle Kommunikation zu Zitierstilen unter Fachleuten erlaubt.

In dieser Vielfalt werden Grundregeln zum Umgang mit den Möglichkeiten benötigt. Zwei Grundregeln gelten immer und werden im Folgenden erläutert:

1. Grundregel: Vorrang von Dozent, Lehrstuhl, Fakultät und Hochschule.
2. Grundregel: Einheitlichkeit.

1. Grundregel: Vorrang von Dozent, Lehrstuhl, Fakultät und Hochschule

Eventuell hat Ihr Dozent oder wissenschaftlicher Betreuer Vorgaben zur korrekten Zitation erlassen oder der Lehrstuhl, an dem Sie Ihre Arbeit einreichen, hat bereits „Richtlinien", einen „Leitfaden" oder „Hinweise zum Zitieren" veröffentlicht. In diesen Fällen gilt stets:

Oberste Priorität haben die **Zitiervorgaben des Dozenten bzw. wissenschaftlichen Betreuers**, bei dem Sie Ihre wissenschaftliche Arbeit einreichen. Denken Sie hier bitte „kundenorientiert": Wer sind die wichtigsten Leser Ihrer Arbeit? In jedem Fall die Gutachter, denn von diesen Personen erhalten Sie die Benotung Ihrer Arbeit. Es ist nur naheliegend, gemachte Zitiervorgaben genauestens zu beachten. Die Anwendung der Vorgaben erwarten die Gutachter bei der Korrektur. Somit erleichtern Vorgaben übrigens Studierenden wie auch Gutachtern die Korrektur, da individuell zu prüfende und damit in ihrer Richtigkeit komplex zu beurteilende Zitierweisen vermieden werden.

Tipp

Durchsuchen Sie die **Internetseiten Ihres Dozenten** bzw. wissenschaftlichen Betreuers sowie Aushänge vor dessen Büro auf **Vorgaben zu Zitierweisen**. Falls Sie nichts finden, **nutzen Sie die Sprechstunde** und fragen Sie explizit, ob es Vorgaben zum Zitieren und der Formatierung von Zitaten gibt. Gibt es welche, halten Sie sich daran und weichen Sie nicht eigenmächtig ab.

Spezialfälle, wie sie in diesem Buch behandelt werden, sind in vielen Zitiervorgaben (noch) nicht berücksichtigt. Unterbreiten Sie in der Sprechstunde Vorschläge, wie Sie diese Sonderfälle mit Ihrem Wissen aus diesem Buch lösen wollen. **Die Vorgaben oder individuellen Entscheidungen Ihres Dozenten haben jedoch immer Vorrang.**

Zweithöchste Priorität haben **Zitiervorgaben des Lehrstuhls** bzw. **des Instituts**, an dem Sie Ihre Arbeit einreichen. Mitarbeiter dieser Einrichtung werden die Korrektur und Begutachtung von Arbeiten stets nach den veröffentlichten Richtlinien vornehmen.

Es ist nicht ungewöhnlich, wenn Dozenten und Lehrstühle keine eigenen Zitiervorgaben veröffentlichen: Neben dem nicht zu unterschätzenden Arbeitsaufwand, den die Formulierung und Pflege eines solchen Dokumentes bedeutet, schaffen fakultäts- oder hochschulweite Zitierstandards eine bessere Vergleichbarkeit der studentischen Leistungen und lassen die geschriebenen Arbeiten allesamt formal „aus einem Guss" wirken.

Mit der nächsten abgestuften, also der **dritthöchsten Priorität**, sollten Sie daher nach **Zitiervorgaben der Fakultät** oder der **Hochschule** fahnden. Informationsquellen sind zunächst die Internetseiten der Fakultät sowie Veröffentlichungen des Dekanats oder des Prüfungssekretariats der Hochschule.

Grundregel

Zitiervorgaben des Dozenten sind am wichtigsten und unbedingt zu befolgen. Danach kommen in der Reihenfolge abnehmender Wichtigkeit Zitiervorgaben des Lehrstuhls, der Fakultät oder der Hochschule.

Wenn Sie keine Vorgaben finden oder explizit die Freiheit eingeräumt bekommen, eine Zitierweise selbst zu bestimmen, dann sollten Sie aus den etablierten Zitierstilen wählen.

2. Grundregel: Einheitlichkeit

Gerade wenn Sie Wahlmöglichkeiten hinsichtlich der Gestaltung von Zitaten, aber auch der Formatierung Ihrer Arbeit haben, ist es wichtig, dass Sie einmal **getroffene Entscheidungen konsequent** in der Arbeit **umsetzen.** Dies gilt für große Entscheidungen (z. B. welchen Zitierstil Sie einsetzen) wie für scheinbar nebensächliche Entscheidungen (z. B. ob Sie einen Punkt am Ende eines Beleges setzen) gleichermaßen.

Grundregel
Die Einheitlichkeit einer Arbeit wird gewährleistet, indem eine einmal getroffene Entscheidung zur Systematik von Zitaten und deren Formatierung konsequent und ohne Ausnahme in der gesamten Arbeit durchgehalten wird.

Gehen Sie davon aus, dass ein erfahrener Korrektor Unterschiede in den Zitaten sofort wahrnimmt. Die Wichtigkeit dieser Grundregel wird daher in vielen Werken zum wissenschaftlichen Arbeiten betont.[16]

II. Wahlentscheidungen beim Zitieren

Die folgenden Unterpunkte gehen detailliert auf Wahlmöglichkeiten beim Zitieren ein, die sich Ihnen dann eröffnen, wenn Sie keine Vorgaben hinsichtlich der Zitierweisen erhalten haben.

1. Vollbeleg, Kurzbeleg und erweiterter Kurzbeleg

Die Quelle einer zitierpflichtigen Stelle wird mit einem Beleg angegeben. Je nach Umfang der im Beleg enthaltenen Information unterscheidet man drei Belegarten:

- Vollbeleg,
- Kurzbeleg,
- erweiterter Kurzbeleg.

Vollbeleg

Ein **Vollbeleg** liegt vor, wenn in ihm bereits alle Informationen enthalten sind, um die Quelle und die dort referenzierte Stelle, also zum Beispiel eine bestimmte Seite, eindeutig identifizieren zu können. Die Informationen sind damit so umfassend, dass auf ihrer Grundlage die Quelle beschafft werden kann.

Der Vollbeleg enthält damit mindestens Angaben zu dem oder den Autoren bzw. Herausgebern, zu Titel und ggf. Untertitel der zitierten Quelle. Je nach zitierter Werksart (Buch, Zeitschrift etc.) kommen weitere Angaben hinzu:

- **Bücher**, d. h. eigenständige Werke (**Monografien**), werden zusätzlich durch Angaben zu Ort und Jahr der Veröffentlichung gekennzeich-

[16] Vgl. Voss, Wissenschaftliches Arbeiten, 2010, S. 85; Theisen, Wissenschaftliches Arbeiten, 2017, S. 168; Schenk, Examensarbeit, 2005, S. 83.

net. Sofern die zitierte Ausgabe nicht die Erstauflage ist, wird auch die Auflagennummer angegeben. Die Nennung des Verlages ist in jedem Fall eine Serviceleistung für den Leser.

Beispiel: Vollbeleg für ein Buch
Stauss, Bernd/Seidel, Wolfgang: Beschwerdemanagement – Unzufriedene Kunden als profitable Zielgruppe, 5., vollst. überarb. Auflage, Carl Hanser Verlag, München, 2014.

- **Sammelwerke** nennen in jedem Fall ergänzend zum Autor den oder die Herausgeber sowie die Seitenspanne, die der zitierte Beitrag umfasst.

Beispiel: Vollbeleg für einen Beitrag in einem Sammelwerk
Hesse, Gero: Betriebliche Gesundheitsberichterstattung. In: Badura, Bernhard/Walter, Uta/Hehlmann, Thomas (Hrsg.): Betriebliche Gesundheitspolitik – Der Weg zur gesunden Organisation, 2., vollst. überarb. Aufl., Springer Verlag, Heidelberg, Dordrecht, London, 2010, S. 263–270.

- **Zeitschriftenquellen** werden präzisiert, indem der vollständige Zeitschriftenname, Jahrgang und Nummer der Ausgabe sowie die Seitenbereiche des Artikels angegeben werden.

Beispiel: Vollbeleg für einen Artikel in einer Zeitschrift
Fischer, Lorenz/Fischer, Oliver (2007): Sind zufriedene Mitarbeiter gesünder und arbeiten sie härter? In: Personalführung, 40. Jg., Heft 3, S. 20–32.

Der Vollbeleg findet sich inklusive der konkreten Seitenangabe in einer Fuß- oder Endnote. Wird die zitierte Quelle ein weiteres Mal genutzt, dient die Abkürzung „a. a. O." hinter dem Autorennamen als Hinweis darauf, dass die Quelle bereits „am angegebenen Ort" aufzufinden sei. Die Notation mit „a. a. O." ist zu vermeiden, da sie den Suchaufwand zu einer Quelle auf den Leser zurückverlagert, ohne deutlich Platz zu gewinnen.[17]

Da der Leser beim Vollbeleg über alle erforderlichen Quelleninformationen verfügt, ist streng genommen ein gesondertes Literatur- und Quellenverzeichnis am Ende der Arbeit überflüssig. Es wird jedoch dringend empfohlen. Dort werden die Quellen alphabetisch sortiert an einem zentralen Ort gesammelt. Die Einträge dort entsprechen den Einträgen in den Fußnoten, verzichten jedoch auf die Nennung

[17] So auch übereinstimmend Theisen, Wissenschaftliches Arbeiten, 2017, S. 162 und Rossig, Leitfaden, 2011, S. 157.

der Fundstelle, also z. B. der Seite, auf der ein direktes bzw. indirektes Zitat zu finden ist.

Der Vollbeleg ist eine „historische" Zitationsform, die mit der Ablösung der Schreibmaschine durch die moderne Textverarbeitung an Bedeutung verloren hat. Grundsätzlich kann sie auch heute noch genutzt werden.

Kurzbeleg

Der **Kurzbeleg** zeichnet sich dadurch aus, dass er den Beleg und die darin enthaltene Information zur Quelle so knapp wie möglich formuliert. Er besteht aus dem Nachnamen des oder der Autoren, eventuell ergänzt um die (abgekürzten) Vornamen, der Jahresangabe und der Fundstelle (Seite).

Beispiel: Kurzbeleg

Im Fließtext der Arbeit steht das Fußnotenzeichen an der Stelle, die belegt werden soll. Der Kurzbeleg im Fußnotenbereich nennt verkürzt die Quelle:

> Das Personalmarketing überträgt den Marketing-Ansatz der Absatzwirtschaft auf den Personalbereich, um so die grundsätzliche Verfügbarkeit von Mitarbeitern zu gewährleisten.[2] …
>
> [2] Vgl. Bühner (2005), S. 35.

In der kürzestmöglichen Variante nennt der Kurzbeleg nur den Nachnamen, das Jahr und eventuell die Fundstelle. Synonym bezeichnet man diese Zitation auch als **„Autor-Jahr-System"**. Der Beleg kann im Text oder im Fußnotenbereich einer Seite platziert sein.

Mit den Informationen aus dem Beleg alleine lässt sich die Quelle nicht beschaffen. Wer mit dem Kurzbeleg arbeitet, kommt daher an der Erstellung eines Literatur- und Quellenverzeichnisses nicht vorbei. Dort findet der Leser dann die vollständigen Informationen zum Werk, wie sie der Vollbeleg bietet.

Theisen merkt zu Recht an, dass das „Autor-Jahr-System" selbst dem kundigen Leser nur nach einem Blick in das Literatur- und Quellenverzeichnis verrät, um welchen zitierten Text es sich handelt.[18] Diesen Nachteil versucht der erweiterte Kurzbeleg zu vermeiden.

Erweiterter Kurzbeleg

Rossig schreibt: „Der **erweiterte Kurzbeleg** soll bei größtmöglicher Kürze, Übersichtlichkeit und Lesbarkeit dem Leser/Prüfer ausreichende

[18] Vgl. Theisen, Wissenschaftliches Arbeiten, 2017, S. 165.

Informationen über die Quelle liefern, um ihm eine erste Einschätzung zu ermöglichen."[19]

Der erweiterte Kurzbeleg gibt daher in jedem Fall folgende Informationen:

- Name des Autors, ggf. (abgekürzter) Vorname,
- einen Kurzbezeichner der Quelle; dieser wird vom Verfasser der wissenschaftlichen Arbeit festgelegt,
- die Jahreszahl.

Ergänzt werden die Informationen bei Bedarf um Angaben zur Fundstelle (Seite) und Angaben zum Medientyp, z.B. „[Online]". Der erweiterte Kurzbeleg ist daher besonders **gut geeignet, neue Medien** (Internetseiten, Foreneinträge etc.) zu belegen. Er vereint zudem die Vorzüge von Vollbeleg und reinem Kurzbeleg.

Beispiel: Erweiterter Kurzbeleg

Hier wird aus einer Datenquelle, dem Daimler Geschäftsbericht 2014, zitiert:

> Die Daimler AG skizziert wesentliche Stationen auf dem Weg zur emissionsfreien Mobilität. So sollen bis zum Jahr 2017 zehn neue Plug-in Hybridmodelle auf den Markt kommen.[2] ...
>
> [2] Vgl. Daimler AG (Hrsg.), Geschäftsbericht [Online], 2014, S. 11.

Tipp

Sofern Ihnen keine Vorgaben gemacht werden und Sie intensiv elektronische Quellen zitieren, sollten Sie mit dem erweiterten Kurzbeleg arbeiten.

Diese Zitationsform wird auch in vorliegendem Buch genutzt.

2. Position des Quellennachweises

Die Position des Quellennachweises bestimmt, wo **Anker** (meist Fußnotenzeichen) **und Beleg** zu einer zitierpflichtigen Stelle in der Arbeit platziert werden. Drei Möglichkeiten sind denkbar:

- Anker sind im Text, Belege finden sich jeweils am Seitenende in Fußnoten.
- Anker und Belege werden zusammengefasst und im Text positioniert.

[19] Rossig, Leitfaden, 2011, S. 158.

- Anker sind im Text, Belege werden als sog. Endnoten am Ende des Textes gesammelt wiedergegeben.

An dieser Stelle sei darauf hingewiesen, dass die Positionierung von Anker und Beleg noch keine Aussage dazu trifft, wie beide konkret ausgestaltet werden. Insbesondere der Beleg wird je nach Umfang (Vollbeleg, Kurzbeleg oder erweiterter Kurzbeleg) sowie verwendetem Zitierstil (APA, MLA etc.) formal anders aufgebaut sein.

Anker sind im Text, Belege finden sich jeweils am Seitenende in Fußnoten

Bei dieser Form befindet sich der Anker im Fließtext der wissenschaftlichen Arbeit genau an der Stelle, die mit einem Zitat belegt werden soll. Der Beleg, also der Verweis zur Quelle, findet sich im unteren Bereich („am Fuß") der Seite. Der Beleg wird deswegen als Fußnote bezeichnet. Damit zwischen Anker und Beleg eine eindeutige Beziehung hergestellt werden kann, auch wenn sich mehrere Fußnoten auf einer Seite befinden, wiederholt der Beleg führend den Anker.

In Deutschland ist dies die klassische Form des Zitiernachweises.[20] Im angelsächsischen Raum ist diese Positionierungsmethode ebenfalls bekannt und wird dort vereinfacht als **„Chicago Style"** bezeichnet.[21]

Beispiel: Chicago-Style in verschiedenen Belegformen

Chicago-Style mit **Vollbeleg** in der Fußnote am Seitenende:

> Die Wirtschaft kann als ein System von sich rückkoppelnden Komponenten gesehen werden.[1]
>
> ---
>
> [1] Vgl. Vester, Frederic: Unsere Welt – ein vernetztes System, 7. Aufl., München: dtv-Verlag 1991, S. 81 f.

Bei unverändertem Fließtext steht bei **reinem Kurzbeleg** in der Fußnote:

> ---
>
> [1] Vgl. Vester (1991), S. 81 f.

Und bei **erweitertem Kurzbeleg:**

> ---
>
> [1] Vgl. Vester, Unsere Welt, 1991, S. 81 f.

Klassisch wird für den Anker als Symbol eine kleine, hochgestellte Zahl (Bsp. „[2]") als Verbindungszeichen zur Fußnote eingesetzt. Die Zahl wird mit jeder weiteren Fußnote um Eins hochgezählt – so wie auch in diesem Buch. Neben diesem Standardfall gibt es weitere Möglichkeiten zur Formatierung des Ankers. Die folgende Tabelle gibt eine Übersicht:

---

[20] Vgl. Theisen, Wissenschaftliches Arbeiten, 2017, S. 166.
[21] Vgl. Clements et al., Chicago Manual, 2016, [Online], Sektion Notes.

Anker	Erläuterung	Bewertung
1	Hochgestellte arabische Ziffern, fortlaufend um Eins hochgezählt.	Standardfall
[1] oder (1)	Hochgestellte arabische Ziffern in eckigen oder runden Klammern, fortlaufend um Eins hochgezählt.	Im Internet verbreitet, in schriftlichen Arbeiten eher selten.
I	Hochgestellte römische Ziffern, fortlaufend hochgezählt.	Grundsätzlich nach DIN 5008 möglich, aber allenfalls bei wenigen Zitaten zu empfehlen, sonst sehr leserunfreundlich.
*, **, ***	Sonderzeichen	Nach DIN 5008 erlaubt, wenn in der gesamten Arbeit maximal drei Fußnoten gesetzt sind.

Tabelle 3: Mögliche Anker für Fußnoten

Tipp

Der Text in den Fußnoten – das betrifft sowohl Belege als auch ergänzende Ausführungen – muss selbstverständlich ebenso sauber formatiert sein wie die gesamte Arbeit. Verwenden Sie daher unbedingt einen sog. „hängenden Einzug", der dafür sorgt, dass die zweite Zeile etwas eingerückt mit dem eingestellten Einzug beginnt. Setzen Sie zudem einen Tabulator auf Höhe des Einzuges und springen Sie nach dem Fußnotenzeichen als erstes zum Tabulator. Dies führt dazu, dass die Ankerzeichen in der Fußnote optisch schnell erfassbar sind. Die Arbeit gewinnt deutlich an Lesbarkeit.

Anker und Belege werden zusammengefasst und im Text positioniert

Bei dieser Alternative werden **direkt im Text nach der zitierpflichtigen Stelle** in einem Einschub die Informationen zur Quelle des Zitats gegeben. Um den Einschub klar vom Fließtext abzugrenzen, wird er in **runde Klammern** gesetzt. Damit sind Anker und Beleg identisch. Auf Fuß- und Endnoten kann in diesem System zumindest für Belege verzichtet werden.

Damit durch den Einschub der Lesefluss möglichst wenig gestört wird, sind die Belege denkbar knapp gehalten: Sie werden üblicherweise als **reiner Kurzbeleg** formuliert, seltener als erweiterter Kurzbeleg und nie als Vollbeleg.

Im angloamerikanischen Sprachraum ist diese Art der Positionierung als „**Harvard-Style**" bekannt und hat weite Verbreitung in vielen Wissenschaftsdisziplinen gefunden. Im deutschsprachigen Raum wird sie auch als **Autor-Jahr-System** bezeichnet.

Beispiele zum Harvard-Style

Standardfall eines **indirekten Zitates** mit **reinem Kurzbeleg** unmittelbar bei der zitierpflichtigen Stelle im Text:

> Emotionen wie Wut, Angst und Schadenfreude beeinflussen den Ausgang einer Verhandlung. Sie sollten daher so vorsichtig eingesetzt werden wie eine Waffe (Vgl. Brooks, 2016, S. 31). …

Direktes Zitat mit **reinem Kurzbeleg**:

> Emotionen wie Wut, Angst und Schadenfreude beeinflussen den Ausgang einer Verhandlung und wirken manchmal wie eine Waffe. „Überlegen Sie gut, wann Sie diese Waffe ziehen, wann Sie damit schießen und wann Sie sie Ihrem Gegner lieber gar nicht erst zeigen" (Brooks, 2016, S. 31). …

Der Leser findet die zitierten Quelle mit den Informationen des **Literatur- und Quellenverzeichnisses** am Ende der Arbeit. Dort steht die vollständige bibliografische Information, in diesem Fall diejenige eines Zeitschriftenartikels aus dem Harvard Business Manager:

> Brooks, Alison Wood: Verhandeln mit Gefühl, in: Harvard Business Manager, Februar 2016, S. 23–31.

Gut anwenden lässt sich diese Positionierung, wenn die wissenschaftliche Arbeit einen geringen Seitenumfang aufweist und keine ergänzenden Fußnoten für zusätzliche Ausführungen verwendet werden. Für das **Wahlproblem „Chicago versus Harvard"** finden Sie in diesem Gliederungspunkt auch noch weitere Entscheidungshilfen.

Anker sind im Text, Belege in Endnoten

Bei dieser Alternative stehen die Anker in Form eines Bezeichners, z. B. in Form von auf normaler Schrifthöhe in eckigen Klammern gefassten Nummern, im Text, während die dazugehörigen Belege am Ende des Kapitels oder am Ende der Arbeit als sog. Endnoten gesammelt werden.

Der Anker wird so knapp wie möglich formuliert, erst bei Konsultation der Endnote erfährt der Leser, welche Quelle referenziert wird. Da zu den Endnoten kein ergänzendes Literaturverzeichnis vorgesehen ist, sind die Quellen in den Endnoten vollständig zu bibliografieren. Dies entspricht der Langzitierweise.

Eine Unterscheidung zwischen direkten und indirekten Zitaten findet sich bei dieser Positionierung von Anker und Beleg verlässlich ebenfalls erst in den Endnoten. Die rund um wörtliche Zitate gesetzten Abführungszeichen sind allenfalls Indizien.

Beispiele zur Arbeit mit Endnoten

Indirektes Zitat unmittelbar bei der zitierpflichtigen Stelle im Text, hier als Beleg Nr. 5 referenziert:

> Eine Ausweitung der Produktpalette führt in der funktionalen Organisation schnell zu einer Überlastung der Unternehmensleitung. Die Matrix-Organisation stellt ein Instrument dar, dies zu vermeiden. [5] ...

In den Endnoten am Ende des Beitrages findet sich dann:

> ...
>
> [5] Vgl. Träger, T.: Matrix-Organisation – Organisation von Marketing und Vertrieb, in: Pepels, W. (Hrsg.): Organisation in Marketing und Vertrieb, 3. Auflage, Berliner Wissenschafts-Verlag, Berlin 2013.

Das **direkte Zitat** bzw. der Verweis auf ein gesamtes Dokument:

> Vom BMF wurden im Jahr 2014 die „Grundsätze zur ordnungsmäßigen Führung und Aufbewahrung von Büchern, Aufzeichnungen und Unterlagen in elektronischer Form sowie zum Datenzugriff (GoBD)" [4] veröffentlicht.

In den Endnoten findet sich dann:

> ...
>
> [4] BMF vom 14.11.2014, BStBl. I 2014 S. 1450.

Das Verfahren eignet sich – wenn überhaupt – nur für kurze Arbeiten mit wenigen Belegen oder für knappe Kapitel, da es den Leser permanent zwingt, zu den Endnoten zu blättern, um sich über einen Beleg zu informieren. Dies stört den Lesefluss erheblich.

Einige Zeitschriften arbeiten mit dieser Positionierung: Wenn die Beiträge nur wenige Seiten lang sind und das Layout der Beiträge unabhängig von der „Zitierintensität" eines bestimmten Autors einheitlich wirken soll, findet sie Verwendung. Für den Einsatz in der Praxis sei exemplarisch auf die Zeitschrift „Der Betrieb" verwiesen.[22]

[22] „Der Betrieb" ist eine Wochenzeitschrift für Betriebswirtschaft, Steuerrecht, Wirtschaftsrecht und Arbeitsrecht aus dem Angebot der Handelsblatt Fachmedien GmbH. Beiträge im Umfang von meist höchstens drei Seiten thematisieren aktuelle Rechtsthemen und Urteile mit Wirtschaftsrelevanz.

Für die Anker existieren unterschiedliche Darstellungsmöglichkeiten:

Anker	Erläuterung	Bewertung
[1]	Arabische Ziffern, auf normaler Schrifthöhe gesetzt, in eckigen Klammern, fortlaufend um Eins hochgezählt.	In Zeitschriften mit meist knappen Beiträgen sowie in populärwissenschaftlichen Medien oft als Standard verwendet.
[TRA13]	Anker wird gebildet aus den ersten drei Anfangsbuchstaben des Autorennamens und der Jahreszahl des Erscheinens.	In manchen Wissenschaftsdisziplinen (besonders Naturwissenschaften) üblich. Grundsätzlich sind die Verweise jedoch sehr leserunfreundlich und beim Lesen eher ein Rätsel als ein Mehrwert. Wenn diese Form nicht explizit vom Betreuer oder Gutachter gefordert ist, wird von der Verwendung strikt abgeraten.

Tabelle 4: Mögliche Anker für Endnoten

Entscheidungshilfe: Chicago versus Harvard

Sofern Sie keine Vorgaben für Ihre Arbeit haben, müssen Sie entscheiden, ob Sie Belege nach dem **Chicago-Stil**, d. h. in Fuß- bzw. Endnoten, **oder** nach dem **Harvard-Stil**, d.h. im Text, positionieren wollen. Eine Mischung beider Formen ist im Sinne der Grundregel zur Einheitlichkeit einer Arbeit strikt zu vermeiden.

Theisen betont, dass Fußnoten in ihrer Ergänzungsfunktion der Ort für „stark differenzierende Argumentation und dazu erforderlicher Anmerkungen" sind. Lässt sich absehen, dass zusätzliche Informationen in Fußnoten gegeben werden sollen, erscheint die Mischung von Belegen im Text und Information in Fußnoten nicht schlüssig. Konsequent empfiehlt *Theisen* daher, in einem solchen Fall den Chicago-Stil anzuwenden.[23]

Im Umkehrschluss ist bei Verzicht auf zusätzliche Informationen in Fußnoten der international gebräuchliche Harvard-Stil eine Alternative. Wird die Arbeit auf Englisch verfasst, wie es an vielen deutschen Hochschulen besonders bei Studiengängen mit internationaler Ausrichtung inzwischen möglich ist, wird der Harvard-Stil angeraten. Wird die Arbeit in deutscher Sprache verfasst, stehen Chicago- und Harvard-Stil gleichwertig nebeneinander.

[23] Vgl. Theisen, Wissenschaftliches Arbeiten, 2017, S. 167.

Ein ergänzendes Entscheidungskriterium ist der Umfang der Arbeit: Relativ kurze, prägnante Arbeiten sind im Harvard-Stil, größere (Abschluss-)Arbeiten dagegen im Chicago-Stil zu verfassen.[24]

Notwendigkeit zusätzlicher Informationen in Fußnoten	**Sprache**	
	Deutsch	**Englisch**
Ja	Chicago-Stil	Chicago-Stil
Nein	Kurze Arbeiten: Harvard-Stil Lange Arbeiten: Chicago-Stil	Harvard-Stil

Tabelle 5: Empfehlung zur Positionierung von Belegen

3. Ausgestaltung des Literatur- und Quellenverzeichnisses

Das Literatur- und Quellenverzeichnis ist eine geordnete Zusammenstellung aller in der Arbeit genutzten Quellen. Es ist üblicherweise verpflichtend zu erstellen und steht erwartungsgemäß nach dem Hauptteil einer wissenschaftlichen Arbeit.[25]

Zu Zeiten, als elektronische Quellen noch keine Rolle spielten, stützten sich wissenschaftliche Arbeiten auf gedruckte Materialien, das waren hauptsächlich wissenschaftliche Bücher und Zeitschriften. Das entsprechende Verzeichnis aller derartiger in der Arbeit genutzter Literatur hieß „**Literaturverzeichnis**". Durch den Einzug der elektronischen Quellen in die wissenschaftliche Arbeit haben sich auch hier Veränderungen ergeben, für die es noch keine Standards gibt. Sofern Sie keine Vorgaben für Ihre Arbeit haben, sind zu entscheiden:

- Die Benennung des Verzeichnisses,
- seine innere Gliederung, z. B. in Print- und Onlinequellen,
- die Sortierung der Einträge.

Die Benennung des Verzeichnisses

Die Benennung als **Literaturverzeichnis** greift heute in vielen Fällen zu kurz:

---

[24] Vgl. Theisen, Wissenschaftliches Arbeiten, 2017, S. 167.

[25] Verwendet man für die Zitation im Hauptteil der Arbeit Vollbelege, sind die im Literatur- und Quellenverzeichnis gegebenen Informationen dazu redundant. Obwohl in diesem Fall strenggenommen auf ein Literatur- und Quellenverzeichnis verzichtet werden könnte, wird seine Erstellung dringend angeraten.

Literatur – das ist zunächst vom Begriff her jede Form schriftlicher Aufzeichnung, manchmal definitorisch auch um Aspekte eines ästhetischen Anspruchs ergänzt.[26]

Internetquellen sowie **firmeninterne Quellen** können in diesem Sinne Literatur sein, müssen es aber nicht. Das liegt weniger am „ästhetischen Anspruch", sondern daran, dass z. B. Videos, Podcasts, Interviews, Bilder, Karten, Charts etc. keine schriftliche Aufzeichnung darstellen. Diese „sonstigen Quellen" müssen sich auch sprachlich bei der Benennung des Verzeichnisses widerspiegeln. *Schenk* schlägt vor, das Verzeichnis als „Verzeichnis der benutzten Literatur und sonstiger Quellen" zu überschreiben.[27] Dieser Ausdruck ist jedoch etwas sperrig und würde gerade bei sonst knappen Überschriften in der Gliederung deren Harmonie stören.

Daher wird empfohlen, alle genutzten Quellen in einem „**Literatur- und Quellenverzeichnis**" bzw. „**Quellenverzeichnis**" zusammenzufassen und dieses auch so zu benennen, sobald Onlinequellen, Expertengespräche oder firmeninterne Dokumente genutzt werden.

Die **Bezeichnung** des Literatur- und Quellenverzeichnisses als „**Bibliografie**" ist **üblicherweise abzulehnen**, da unter einer solchen ein meist auf Vollständigkeit bedachtes Verzeichnis zu den Werken eines Themengebietes oder einer Person zu verstehen ist.[28] Unbeschadet obiger Ausführung kann der Prozess des Erstellens eines Literatur- und Quellenverzeichnisses durchaus als „**bibliografieren**" bezeichnet werden.

Innere Gliederung des Verzeichnisses

Das Literatur- und Quellenverzeichnis ist der Ort, an dem alle tatsächlich genutzten Quellen mit den zur Wiederbeschaffung erforderlichen Informationen aufgeführt werden. Damit finden sich hier unter Umständen sehr heterogene Quellen: Bücher, Zeitschriften, Onlinequellen unterschiedlicher Art sowie eventuell firmeninterne, also im klassischen Sinn unveröffentlichte Quellen.

Ziel der inneren Gliederung des Literatur- und Quellenverzeichnisses ist es, die Quellen so darzustellen, dass der Leser schnell die vollständige Referenz zu jeder verwendeten Quelle findet.

---

[26] Vgl. Schweikle/Schweikle (Hrsg.), Metzler-Literaturlexikon, 1990, S. 272.

[27] Vgl. Schenk, Examensarbeit, 2005, S. 93.

[28] Beispielsweise findet sich in dem Buch „Gutenberg, Erich: Zur Theorie der Unternehmung: Schriften und Reden von Erich Gutenberg; aus dem Nachlass, Berlin; Heidelberg; New York: Springer, 1989" ab S. 291 ein „Verzeichnis der Veröffentlichungen von Erich Gutenberg". Dieses kann auch als Bibliografie bezeichnet werden. Das Inhaltsverzeichnis des Buches findet sich unter: <http://d-nb.info/890580383/04>, Zugriff am: 24.10.2015.

Die innere **Gliederung des Verzeichnisses** kann auf **verschiedene Arten** erfolgen:

- Alle Quellen werden in einem Block gelistet, es wird also auf eine weitere Differenzierung verzichtet,
- Quellen werden nach den Kapiteln der Gliederung zu Blöcken zusammengefasst,
- Quellen werden nach Quellenarten differenziert (z. B. Print- und Onlinequellen) in Blöcken gelistet.

Orientiert man sich am Ziel der raschen Auffindbarkeit der Informationen im Verzeichnis, ergibt sich eine Prädisposition für eine bestimmte Gliederungsart durch die gewählte Zitierweise:

- **Reiner Kurzbeleg:** Wird der reine Kurzbeleg verwendet, verfügt der Leser über nicht mehr Suchhilfen als die Autoren- oder Herausgebernamen. Er wird in einem großen, alphabetisch sortierten Block oder in einem nach Kapiteln gegliederten und ergänzend alphabetisch sortierten Block die weiterführenden Informationen zur Quelle am schnellsten finden.
- **Erweiterter Kurzbeleg:** Im Beleg werden ergänzend zu Autoren- und Herausgebernamen ein Titelstichwort und ggf. in eckigen Klammern die Quellenart genannt. Damit ist es bei dieser Zitationsart möglich, nach Quellenarten zu differenzieren. Dies wird auch empfohlen, da Wissens- und Datenquellen in der wissenschaftlichen Arbeit eine unterschiedliche Wertigkeit haben.
- **Vollbeleg:** Hier liegen dem Leser bereits im Hauptteil der Arbeit beim Beleg in der Fußnote alle Informationen vor. Das Literatur- und Quellenverzeichnis wird, wie bereits erwähnt, streng genommen gar nicht mehr benötigt, es ist nun vielmehr eine Serviceleistung für den Leser. Entsprechend frei ist man bei der inneren Gliederung. Es wird empfohlen, eine nach Quellenarten differenzierte Darstellung zu wählen.

Wann immer möglich, sollten die **Quellen** also **nach den großen Quellenarten differenziert** aufgeführt werden. Eine zu feine Untergliederung nach Quellenarten ist dabei zu vermeiden. So ließe sich das Verzeichnis nach Büchern, Zeitschriften, Internet- und Intranetquellen und nach Medientypen, also Video, Audio-Podcast etc. gliedern. Paradoxerweise wird bei einer zu genauen Unterteilung trotz gesteigerter Ordnung der Suchaufwand nach einer bestimmten Quelle erhöht, da „Unschärfen" in der Suche entstehen (Wo findet sich ein Video aus dem Internet?).[29]

[29] Handelt es sich bei den zu sortierenden Quellen um eine sehr große Anzahl, wie es typischerweise bei einer Dissertation oder einer mit vielen Datenquellen hantierenden Master-Thesis der Fall ist, kann eine zusätzliche Untergliederung sinnvoll sein.

Die Untergliederung sollte daher mit einem gewissen Pragmatismus geschehen: Eine Gliederung in Print-, Online- und unveröffentlichte Firmenquellen gewährleistet dies beispielsweise. Andere Unterteilungen können je nach konkreter Situation ebenfalls zielführend sein.

Tipp

Arbeiten Sie mit dem erweiterten Kurzbeleg oder dem Vollbeleg, so gliedern Sie das Literatur- und Quellenverzeichnis intern in:

- Printquellen: Darunter werden Bücher und Sammelwerke, Zeitschriften, Dissertationen etc. ohne weitere Differenzierung sortiert aufgeführt.
- Onlinequellen: Unter diesem Eintrag finden sich elektronische Quellen, sofern sie öffentlich zugänglich sind.
- Unveröffentlichte Firmenquellen: Hier werden firmeninterne (Online- und Offline-)Quellen gelistet. Nehmen Sie diesen Punkt nur auf, wenn Sie solche Quellen nutzen.

Arbeiten Sie mit dem reinen Kurzbeleg, bilden Sie für alle Quellen einen Block, in dem unabhängig von der konkreten Quellenart alle Quellen gelistet sind.

Für die genannte Untergliederung sprechen folgende Argumente: Print-, Online- und unveröffentlichte Firmenquellen sind unterschiedlich „wertig" in einer wissenschaftlichen Arbeit. Sieht man vom Fall des Eigenverlages ab, sind Bücher als Printquellen üblicherweise durch einen Verlag und dessen Lektorat bzw. Zeitschriften durch die Herausgeber und ein eventuelles redaktionelles Gutachtergremium qualitätsgesichert. Wissensquellen sind typischerweise Printquellen.

Online- und firmeninterne Quellen sind meist nicht in diesem Sinn qualitätsgesichert. Hier zeigt sich ein qualitativer Unterschied. Dieser vergrößert sich noch, wenn man bedenkt, dass es leichter ist, ein Stichwort mit einer Suchmaschine im Internet zu recherchieren und die Fundstelle als Quelle anzugeben, als ein Fachbuch zu studieren.

Firmeninterne Quellen sind Datenlieferanten und Belege empirischer Phänomene. Als solche sollten sie von den Wissensquellen getrennt sein.

Die Gutachter Ihrer wissenschaftlichen Arbeit wird interessieren, was Sie an Literaturarbeit geleistet und welche Wissensquellen Sie genutzt haben. Eine nach Quellenarten gegliederte Darstellung erleichtert es dem Leser, sich ein Bild von Ihrer Leistung zu machen.

Beispiel: Innere Gliederung des Literatur- und Quellenverzeichnisses

Für eine Abschlussarbeit, die als wissenschaftliche Projektarbeit mit einem Unternehmen als Projektgeber geschrieben wird, werden neben Fachbüchern, Journal-Artikeln (Printquellen) auch Onlinequellen und unveröffentlichte Firmenquellen als Datenquellen genutzt. Die innere Gliederung des Verzeichnisses sieht in diesem Fall wie folgt aus:

Literatur- und Quellenverzeichnis

Printquellen

... [hier werden alle Printquellen alphabetisch sortiert und mit ihren vollständigen bibliografischen Angaben gelistet]

Onlinequellen

... [hier werden alle Onlinequellen alphabetisch sortiert gelistet]

Unveröffentlichte Firmenquellen

... [hier werden alle intern genutzten Quellen angegeben. Diese Datenquellen müssen zitierwürdig und zitierfähig sein]

In der **Gliederung** einer wissenschaftlichen Arbeit ist unabhängig von der gewählten inneren Struktur **nur ein Oberpunkt** für das „**Literatur- und Quellenverzeichnis**" bzw. „Quellenverzeichnis" vorzusehen. Eine eventuelle Unterteilung in Print-, Online- und unveröffentlichte Firmenquellen wird intern im Verzeichnis vorgenommen und nicht durch Unterpunkte in der Gliederung angekündigt.

Sortierung der Einträge

Der übliche Sortieransatz wird die **alphabetische Sortierung** sein. Sie ermöglicht es dem Leser, schnell die bibliografischen Daten zu einem Beleg aufzufinden. Alternative Sortieransätze sind nur dann erforderlich, wenn die Art des Ankers (z. B. „[TRA13]") zu einem Beleg und die Verwendung von Endnoten dies unabdingbar machen.[30]

Sortiert wird nach dem **Nachnamen der Autoren bzw. Herausgeber**, eventuell auch nach dem **Titel einer Publikation**. Die großen Zitierstile machen hierzu unterschiedliche Vorgaben.

Für eine korrekte alphabetische Sortierung nach Namen halten Sie sich an folgende **Regeln**:

- Die Sortierung erfolgt **alphabetisch aufsteigend**, bei Gleichheit der Zeichen wird das nächste, rechts stehende Zeichen einbezogen (z. B. Hummel, Anton vor Hummer, John).

[30] Bei diesem Beispiel muss für eine schnelle Auffindbarkeit der Quelle im Literatur- und Quellenverzeichnis der Anker entsprechend den Einträgen vorangestellt werden, so dass er als „Primärschlüssel" zur Sortierung dient.

- Werden von einem Autor bzw. Herausgeber mehrere Quellen aus unterschiedlichen Jahren zitiert, wird das **Jahr ergänzendes Sortierkriterium**.[31] Beispielsweise steht: Holtbrügge, Dirk (2011) vor: Holtbrügge, Dirk (2013).
- **Kleingeschriebene Namenszusätze** wie „de", „van" oder „von" bleiben bei der Sortierung grundsätzlich **unberücksichtigt**.[32] Die korrekte Sortierung lautet: Rosenkranz – von Rosenstiel – Rosenstolz.
- **Großgeschriebene Namenszusätze** wie „Van" werden bei der Sortierung **berücksichtigt**. Die korrekte Sortierung lautet: Vahs – Van Houten – Vanderbilt.
- **Akademische Grade** (Dr., Dipl.-Ing. etc.) sowie **Titel** (Prof.) werden **nicht genannt**. Dies gilt auch bei firmeninternen Quellen.

Folgender „**Sonderfall**" wird von Studenten in Sprechstunden häufig angesprochen:

- **Ein Autor** wird mit **mehreren Quellen** in **einem Jahr** zitiert. Wie ist dies bei reinem Kurzbeleg kenntlich zu machen? Lösung: Die Jahreszahl wird im Beleg um einen Kleinbuchstaben (synonym auch: Minuskel) erweitert.[33] Im Literatur- und Quellenverzeichnis wird eine Dopplung der Jahreszahl empfohlen: Sie steht nun einmal beim Autoren- bzw. Herausgebernamen unter Nennung des Minuskels und ein zweites Mal an regulärer Stelle.

Beispiel

Im Textteil einer Arbeit werden zwei gemeinsame Arbeiten von Manfred Bruhn und Bernd Stauss aus dem Jahr 2000 genutzt. Die dortige Zitation lautet bei Harvard-Stil und **reinem Kurzbeleg** sowie unter Vernachlässigung einer konkreten Seite: „(Vgl. Bruhn/Stauss 2000a)" und „(Vgl. Bruhn/Stauss 2000b)".

Im Literatur- und Quellenverzeichnis sehen die beiden Einträge aus wie folgt:

> ...
>
> Bruhn, M./Stauss, B. (2000a): Dienstleistungsqualität, 3. Auflage, Gabler Verlag, Wiesbaden, 2000.
>
> Bruhn, M./Stauss, B. (2000b): Dienstleistungsmanagement – Jahrbuch 2000, Gabler Verlag, Wiesbaden, 2000.
>
> ...

---

[31] Vgl. Schenk, Examensarbeit, 2005, S. 91.

[32] Vgl. Duden (Hrsg.), Alphabetische Namenslisten, 2015 [Online]. Alternativ kann ein Adelsprädikat auch hinter dem Vornamen positioniert werden: „Rosenstiel, Lutz von", vgl. Theisen, Wissenschaftliches Arbeiten, 2017, S. 127.

[33] Vgl. Jele, Zitieren, 2012, S. 49 f.

III. Zitierstile

Die generischen Prinzipien der unterschiedlichen Ausgestaltung von In-Text-Zitaten (Autor-Jahr-System/„Harvard-Style") bzw. Fußnoten wurden bereits kurz erläutert. Zum Leidwesen der Studierenden gibt es zu diesem grundsätzlichen Vorgehen eine Fülle von Modifikationen. Die Literaturverwaltungsprogramme Endnote und Citavi kennen deutlich über 5.000 verschiedene Output-Formate, die sich teilweise nur in Satzzeichen (Aufzählung mehrerer Namen durch Komma bzw. Strichpunkt getrennt) unterscheiden. Drei wesentliche Zitierstile ergänzen die obigen generischen Ausführungen.

1. APA – American Psychological Association

Die **American Psychological Association (APA)** hatte ursprünglich für wissenschaftliche Arbeiten in ihrem Fachgebiet einen Zitierstandard entwickelt, der sich inzwischen jedoch fächerübergreifend als „**APA-Style**" etablieren konnte. Er orientiert sich am Autor-Jahr-System und den Harvard-typischen In-Text-Zitationen.

Besonderheiten des APA-Styles sind unter anderem:[34]

- Seitenzahlen werden im Beleg nur angegeben, wenn wirklich eine spezifische Seite referenziert werden soll.
- Bei elektronischen Quellen sind URL oder DOI[35] erlaubt. DOI wird bevorzugt.

Beispiele: APA-Style (ins Deutsche übertragen)

Ein Buch (Monografie) mit einem Urheber soll zitiert werden. Im Quellenverzeichnis wird dieses aufgeführt wie folgt:

> Zollondz, H.-D. (2013). *Grundlagen Lean Management.* München: Oldenbourg.

Im Text wird auf den Autor Bezug genommen und dann z.B. S.57 zitiert:

> Zollondz (2013, S.57)

oder hinter der Stelle, die belegt werden soll, wird in Klammern eingefügt:

> (Zollondz, 2013, S.57).

---

[34] Vgl. University of Alberta (Hrsg.), APA Citation [Online], 2016.
[35] Siehe dazu Kap. C.IV.5 in diesem Buch.

Eine einzelne Webseite des Statistischen Bundesamtes mit Strukturdaten im Dienstleistungsbereich soll zitiert werden. Im Quellenverzeichnis lautet diese:

> Statistisches Bundesamt. (2013). Strukturerhebung im Dienstleistungsbereich. Abgerufen von https://www.destatis.de/DE/ZahlenFakten/Wirtschaftsbereiche/Dienstleistungen/Tabellen/SiD_03_UnternehmenUmsatz_Median.html

Im Text wird auf die Quelle nach ihrem Gebrauch verwiesen mit:

> (Statistisches Bundesamt, 2013)

2. MLA – Modern Language Association

Die **Modern Language Association of America (MLA)** ist einer der größten Wissenschaftsverbände und Herausgeber von Anweisungen zum wissenschaftlichen Arbeiten.[36] Diese sind als „**MLA-Style**" weltweit bekannt. Obwohl die MLA-Standards ursprünglich für die Sprach- und Literaturwissenschaften geschaffen wurden, sind sie inzwischen in den gesamten Geisteswissenschaften verbreitet.

Für ihre Standards nimmt die MLA in Anspruch, dass sie **kürzer, präziser und einfacher** als andere diesbezügliche Anweisungen sind. Belege werden nach MLA als kurze, in Klammern stehende Zitationen **im Text** angezeigt und über ein am Ende der wissenschaftlichen Arbeit stehendes Literatur- und Quellenverzeichnis zu einer vollständigen Quellenangabe aufgelöst.

Besonderheiten des **MLA-Style** sind unter anderem:[37]

- Eine Unterscheidung von direkten und indirekten Zitaten ist neben den Anführungszeichen nicht vorgesehen. Es gibt kein „Vgl." oder ähnliches.
- Bei der In-Text-Zitation werden zur Spezifikation der Fundstelle in der Quelle – sofern verfügbar – nur Seitenzahlen angegeben. Da andere Größen nicht vorkommen, wird auf die Abkürzung „p" für „Page" verzichtet.
- Speziell für Internetquellen gilt: Es wird der Seitenbetreiber oder der Titel der Internetseite zur Sortierung im Quellenverzeichnis verwendet. Das Zugriffsdatum wird ohne weitere Erläuterung im Quellenverzeichnis angefügt. Die URL wird nicht genannt.

[36] Das „MLA Handbook (MLA Handbook for Writers of Research Papers)" ist bereits in der achten Auflage erschienen. Hier dargestellte Zitieranweisungen richten sich nach der siebten Auflage.

[37] Vgl. University of Alberta (Hrsg.), MLA Citation [Online], 2016.

Beispiele: MLA-Style

Ein Buch (Monografie) mit einem Urheber soll zitiert werden. Im Quellenverzeichnis wird dieses aufgeführt wie folgt:

Zollondz, Hans-Dieter *Grundlagen Lean Management.* München: Oldenbourg. 2013.

Im Text wird auf S. 57 des Buches hinter der zitierten Stelle verwiesen mit:

(Zollondz 57)

Eine einzelne Webseite des Statistischen Bundesamtes mit Strukturdaten im Dienstleistungsbereich soll zitiert werden. Im Quellenverzeichnis lautet diese:

„Strukturerhebung im Dienstleistungsbereich." *Statistisches Bundesamt.* 2013. Web. 24. Apr. 2016.

Im Text wird auf die Quelle nach ihrem Gebrauch verwiesen mit:

(„Strukturerhebung im Dienstleistungsbereich")

3. ISO – International Standardisation Organisation

Mit der „**DIN ISO 690 – Information und Dokumentation – Richtlinien für Titelangaben und Zitierung von Informationsressourcen**" wurde 2013 eine Norm geschaffen, welche die deutlich ältere DIN 1505-2:1984 ablöst und sich mit der vereinheitlichten Referenzierung von Informationsquellen z. B. auch in schriftlichen Arbeiten befasst.[38] Quellen sollen damit so beschreibbar sein, dass eine Wiederbeschaffung ermöglicht wird. Darum werden ISB-Nummern angegeben, sofern diese verfügbar sind.

Bezogen auf die Problemstellung und Lösungsansätze des vorliegenden Buches greift die DIN ISO 690 für praxisbezogene Arbeiten allerdings zu kurz: Verweise auf **interne Quellen** sind bei dieser Norm bislang **nicht vorgesehen**.

Besonderheiten der Zitation nach **DIN ISO 690** sind unter anderem:[39]

- Der Beleg zur Quelle erfolgt als Kurzzitat in einer Fußnote und wird mit einem Punkt beendet.
- NACHNAMEN werden bei diesem Zitierstil immer in Versalien angegeben.
- Hat die Quelle eine ISBN, wird diese angegeben.
- Bei mehr als zwei Autoren werden ab dem zweiten Autor die Vornamen vorangestellt.

[38] Die Norm kann erworben werden unter: <http://www.beuth.de/>.
[39] Vgl. Technische Hochschule Ingolstadt (Hrsg.), Zitierregeln, 2015.

- Bei elektronischen Quellen sind URL oder DOI erlaubt. DOI wird bevorzugt.

Beispiele: DIN ISO 690

Ein Buch (Monografie) mit einem Urheber soll zitiert werden. Im Quellenverzeichnis wird dieses aufgeführt wie folgt:

> ZOLLONDZ, Hans-Dieter, 2013. *Grundlagen Lean Management.* München: Oldenbourg Verlag. ISBN 978-3-486-71647-4

In einer Fußnote wird auf S. 57 des Buches beim indirekten Zitat verwiesen mit:

> Vgl. Zollondz (2013), S. 57.

Eine einzelne Webseite des Statistischen Bundesamtes mit Strukturdaten im Dienstleistungsbereich soll zitiert werden. Im Quellenverzeichnis lautet diese:

> STATISTISCHES BUNDESAMT, 2013. Strukturerhebung im Dienstleistungsbereich [Online]. Wiesbaden: Statistisches Bundesamt (Zugriff am: 24.04.2016). Verfügbar unter: https://www.destatis.de/DE/ZahlenFakten/Wirtschaftsbereiche/Dienstleistungen/Tabellen/SiD_03_UnternehmenUmsatz_Median.html

In einer Fußnote wird auf die Paraphrase der Webseite verwiesen mit:

> Vgl. Statistisches Bundesamt, 2013.

IV. Überlegungen zum Zitierstil in diesem Buch

Es gibt bislang noch nicht „den einen" Zitierstil, der insbesondere für elektronische, öffentlich zugängliche sowie firmeninterne Quellen gleichermaßen geeignet wäre. Daher schlägt dieses Buch einen „Mash-Up" vor: Ein „Mash-Up" kombiniert bestehende Verfahren oder Inhalte, um so etwas Neues mit einem eigenen Mehrwert zu generieren.

Dieser „Mash-Up" basiert auf folgenden Prinzipien und Techniken:

- Zitierfähigkeit kann für die meisten Quellen hergestellt werden.
- Die Zitierwürdigkeit einer Quelle wird individuell beurteilt. Die Beurteilung ist leichter vorzunehmen, wenn ergänzende Informationen zur Quelle vorliegen.
- Der Hauptteil einer wissenschaftlichen Arbeit sollte in den Zitaten nicht mit Detailinformationen überladen sein. Eine erweiterte Kurzzitierweise in Fußnoten setzt dies um.
- Die Charakterisierung der Medienart ist ein qualitätssicherndes Merkmal.

- Bei Publikationen von Firmen, Institutionen und anderen Organisationen sowie bei deren internen Quellen ist üblicherweise nicht die Person, sondern der Herausgeber zu nennen.

Die Kombination der genannten Prinzipien und Techniken generiert einen Mehrwert für den Nutzer, indem für die Fälle, in denen keine feste Zitation vorgegeben ist, ein konsistentes, praktikables Zitierschema geschaffen wird und in allen anderen Fällen das Problembewusstsein für die jeweilige Zitation besonderer Inhalte geschärft und Lösungsideen vermittelt werden.

Die Umsetzung wird für elektronische bzw. Internetquellen, öffentlich zugängliche sowie firmeninterne Quellen in einzelnen Kapiteln individuell vorgestellt. Gemeinsam sind ihnen jedoch die folgenden Hinweise zur konkreten Ausgestaltung der Zitation:

1. Fußnoten und der erweiterte Kurzbeleg im Hauptteil

Es wird der erweiterte Kurzbeleg verwendet. Dies vereint eine möglichst knappe Quellenangabe mit dem Informationsbedürfnis des Lesers. Die bereits ausgeführte Positionierung des erweiterten Kurzbelegs in Fußnoten führt zu Betrachtungen über deren konkrete Ausgestaltung.

- Sobald der Beleg nicht direkt im Text positioniert wird, muss für den Leser eine nachvollziehbare Verbindung zwischen der Stelle im Text, für die ein Zitat vorgenommen wird, und dem eigentlichen Beleg des Zitates geschaffen werden. Dies erledigt ein Einschub im Text, der in vorliegender Arbeit als **„Anker"** bezeichnet wird.[40] Weiterführende Information zum Fundort des Zitats wird als **„Beleg"** bezeichnet.

Für die Positionierung des Ankers im Text gelten die folgenden Regeln:

- Soll ein Satz mit einem Quellenverweis belegt werden, wird der Fußnotenanker direkt hinter dem Satzzeichen, ohne vorheriges Leerzeichen, positioniert.
- Soll lediglich ein Wort oder eine kurze wörtliche Passage innerhalb des Satzes mit einem Zitat ergänzt werden, steht der Fußnotenanker direkt hinter dem entsprechenden Wort.

Eine Fußnote kann nicht ohne ergänzende Maßnahmen für einen vorausgehenden Absatz oder mehrere vorausgehende Sätze gelten. Dies ist so zu begründen, dass es nicht Aufgabe des Lesers sein kann, „nach oben" zu schauen und zu überlegen, bis zu welchem Punkt sich die

---

[40] Andere Autoren sprechen vom Fußnotenzeichen, „Anmerkungsziffer", vgl. Voss, Wissenschaftliches Arbeiten, 2010, S. 85 oder allg. von der „Anmerkungsnote", vgl. Jele, Zitieren, 2012, S. 36.

Fußnote wohl erstreckt. Es gibt aber für diese Situation eine korrekte Vorgehensweise:

Beispiele: Belegen einer Passage aus mehreren Sätzen mit einer Fußnote

Der Autor der Quelle wird eingangs des Absatzes genannt und bildet mit dem Beleg am Ende des Absatzes eine „Klammer".

> *Porter* stellt mit den Fünf Wettbewerbskräften einen Ansatz vor, der die Wettbewerbsintensität in Branchen erklären kann. ... Die Macht der Lieferanten, ... ,.... etc. wirken auf ... etc.[2]

[2] Vgl. Porter, Competitive Strategy, 1980.

Daneben werden Fußnoten in ihrer „Ergänzungsfunktion" für weitere Anmerkungen und detaillierte Ausführungen genutzt.[41]

2. Zusätzliche Angaben zur Art der Quelle

Der erweiterte Kurzbeleg lässt sich mit zusätzlichen Angaben zur Quellenart ergänzen. Gerade bei elektronischen und internen Quellen können im erweiterten Kurzbeleg die notwendigen Hinweise gegeben werden, so dass dem Leser ein permanentes Blättern zum Quellenverzeichnis erspart bleibt. Der Lesefluss wird nicht beeinträchtigt.

Viele Zitierstile kennen solche Ergänzungen – allerdings werden sie oftmals wegen der im Hauptteil der Arbeit praktizierten Kurzzitierweise nur im Quellenverzeichnis vermerkt. Als Beispiel zu nennen sind:

- [Online], [Software] etc., verwendet u. a. in der DIN ISO 690.
- [CD-Rom], [CD], verwendet u. a. bei *Jele.* [42]
- „Web", verwendet im MLA-Style, etc.
- *Bagusche* verwendet für den allgemeinen Platzhalter „[DOKUMENTART]" Bezeichner wie „[Manuskript]", „[Merkzettel]", „[E-Book]" sowie weitere.[43]
- *Bleuel* kennzeichnet Audio- und Video-Dateien bei deren Zitation besonders.[44]

Im weiteren Verlauf dieses Buches werden die erweiterten Kurzbelege – sofern sinnvoll – um Angaben zur Quellenart ergänzt, um den eingangs geschilderten Informationsvorteil für den Leser zu realisieren.

[41] Vgl. Schenk, Examensarbeit, 2005, S. 87.
[42] Vgl. Jele, Zitieren, 2012, S. 52.
[43] Vgl. Bagusche, Zitieren [Online], 2013, S. 35 f.
[44] Vgl. Bleuel, Online publizieren [Online], 2000, Kap. 3.7.3.5.

Allerdings soll keine „Inflation“ an Bezeichnern geschaffen werden. Beispielsweise erscheint es nicht zwingend, bei einem E-Book auch dessen Dateiformat als [PDF] oder [ePub] zu spezifizieren – sonst müsste die Reihe mit jedem bekannten [TXT] oder neuen Dateiformat („[???]“) fortgesetzt werden.

Verwendet werden daher:

Bezeichner	Bedeutung
[Intern]	Es handelt sich um eine firmeninterne Quelle.
[Online]	Die Quelle ist im weitesten Sinne digital und unter Nutzung des TCP/IP-Protokolls transportfähig.
[E-Book]	Der Bezeichner abstrahiert bewusst vom Dateiformat des E-Books.
[E-Mail]	Kommunikation per E-Mail.
[Media]	Es handelt sich um eine Audio- oder audio-visuelle Quelle. Dies abstrahiert von Dateiformaten [AVI], [MP3] und konkreten Verbreitungsformen (Online/ DVD).

Tabelle 6: Bezeichner zur Spezifikation der Quellenart

Abgrenzungsprobleme zwischen diesen Bezeichnern bestehen: Ist ein PDF mit wenigen Seiten eine [Online]-Quelle oder ein [E-Book]? Ist die bei einem Onlineportal abrufbare Videodatei nun ein [Media]-Typ oder einfach [Online]?

Bei diesen Abgrenzungsproblemen sollte man stets den Charakter der Quelle bedenken: Ein PDF, das technische/statistische Informationen enthält und diese im Dateityp PDF transportiert, ist eine [Online]-Quelle, wohingegen ein PDF, das von einem Autor zu einem definierten Themenbereich verfasst wurde, auch schon bei wenigen Seiten den Bezeichner [E-Book] verdient. Bei der Videoquelle stünde die Art der Quelle im Vordergrund, nicht deren Transportweg. Daher sollte die Videodatei als [Media] charakterisiert werden. Die Schaffung einzelner Sektionen im Literatur- und Quellenverzeichnis für die jeweiligen Bezeichner wird abgelehnt.[45]

3. Spezifikation der Fundstelle in der Quelle

Die **Fundstelle** für das Zitat ist genau zu spezifizieren. Dabei gelten je nach Medienart und verfügbaren Daten folgende Regeln:

[45] Vgl. Kap. C.II.3.

Beispiele: Printquelle oder elektronische Quelle mit Seitenzahlen (PDF)	
Es soll eine einzelne Seite referenziert werden.	S. 57
Es soll eine Seite sowie deren Folgeseite referenziert werden.	S. 57 f.
Es sollen mehrere Seiten referenziert werden. Die genaue Spannweite wird angegeben.	S. 57–65 (*Nicht:* S. 57 ff.)
Es sollen zwei Stellen in der Arbeit als Quelle angegeben werden (i. V. m. ~ in Verbindung mit)	S. 57 i. V. m. S. 90 (*Nicht:* „passim")

Tabelle 7: Spezifikation der Fundstelle in Printquellen

Wird ein Foliensatz (Powerpoint) zitiert, ist statt „Seite" als Einheit „Folie" zu verwenden.

Bei Onlinequellen besteht das Problem, dass eine Internetseite theoretisch beliebig lang und die Information damit schwer zu finden sein kann.[46]

Beispiele: Onlinequellen	
Auf der Seite existieren Gliederungspunkte oder Zwischenüberschriften.	Gliederungspunkt 3.2
Die Seite verwendet sog. HTML-Anker. Diese können in der URL über ein Hashtag referenziert werden.	#Marke
Nummerierungen von Postings können übernommen werden oder – falls diese fehlen – Autor, Datum und Uhrzeit.	Posting 5.2 *oder* Posting vom 21.03.2016, 21:00 Uhr

Tabelle 8: Spezifikation der Fundstelle in Onlinequellen

Fundstellen in Audio- und Videomaterial werden mit der Zeitmarke genannt. In Interviews und Videos, die keine High-Speed-Aufzeichnungen sind, ist die Sekunde die kleinste Zeiteinheit. Für die meisten Fälle wird daher eine Angabe in der Form „mm:ss Min." passend sein (z. B. „05:32 Min."). Sollte es erforderlich sein, könnte man Videomaterial auch mit den Frames zitieren, denkbar ist dies für eine Video-Prozessanalyse eines Produktionsvorganges.

[46] *Bagusche* unterbreitet noch den Vorschlag, die Internetseite auszudrucken und dem Anhang beizufügen, vgl. Bagusche, Zitieren [Online], 2013, S. 25. Das mindert aber nicht die Problematik der Bezugnahme auf den Fundort.

4. Korrekte Notation und Trennung einer URL

Der Speicherort, an dem eine Onlinequelle abgerufen werden kann, muss zur Sicherstellung der Zitierfähigkeit beschrieben sein. Dies geschieht über den **Uniform Resource Locator**, kurz **URL**, der Zugriffsmethode und Adresse der Quelle angibt.

Die Angabe der vollständigen URL stellt Autoren bei Internet- sowie ähnlichen aufgebauten elektronischen Pfadangaben (Intranet) regelmäßig vor Probleme: Durch die oftmals vom Webserver in die URL eingebaute Session-ID, einem alphanumerischen Schlüssel, der den Benutzer für die Dauer des Besuches eindeutig identifiziert, werden die **Internet-URLs sehr lang**. Ähnliches gilt für Pfadangaben, die sich teilweise über mehrere Ebenen erstrecken.

Lange URLs lassen sich aber zum einen nicht in einer Zeile darstellen, sie müssen also notgedrungen umgebrochen werden, zum anderen sehen sie schlicht „nicht schön aus".

Die Frage, an welcher Stelle die **URL umgebrochen** werden soll und wie dies kenntlich zu machen ist, ist nicht trivial:

- Die Wiederauffindbarkeit eines Dokumentes unter einer Internet-Adresse ist nur gewährleistet, wenn deren Angabe in der Arbeit zeichengenau mit der Originaladresse übereinstimmt.
- Der in Textdokumenten verwendete Trennstrich („Bindestrich") hat in Internetadressen eine eigene Bedeutung. Ihn zur Trennung einzusetzen heißt, die Internetadresse zu verfälschen.[47]
- Das Leerzeichen („Blank") wird von den meisten Browsern inzwischen automatisch in sein Äquivalent „%20" bzw. das Zeichen „+" umgewandelt, weshalb es sich für die Trennung nicht empfiehlt: Ein „Copy & Paste" aus der Arbeit in die Adresszeile des Browsers übernimmt das Leerzeichen, der Browser wandelt es um und versucht – erfolglos – die angegebene Adresse aufzurufen.[48]

Runkehl/Siever schlagen eine eindeutige Kombination aus Sonderzeichen („|") und Bindestrich vor, um Umbrüche innerhalb einer Textverarbeitung 1) herbeizuführen und diese auch 2) direkt nachvollziehbar zu markieren.[49] So schlüssig dieser Ansatz ist, so schwierig gestaltet sich die praktische Anwendung: Bei Änderungen am Layout rutscht die Trennzeichenkombination „|-" eventuell in die nächste Zei-

---

47 Vgl. Alberth, Zitieren des Internets, 1998, S. 1372.

48 *Weber* sieht die Verwendung von Leerzeichen in URLs als legitim an, sofern es sich um eine Print-Fassung handelt, die bei der Hochschule eingereicht werden soll. Bei einer elektronisch abzugebenden Arbeit hingegen sei die URL als Link funktionsfähig zu halten, vgl. Weber, Haus- und Seminararbeiten, 2014, S. 129.

49 Vgl. Runkehl/Siever, Zitat im Internet, 2001, S. 111.

le, URLs sind nicht mehr anklickbar bzw. müssen vor Aufruf manuell bereinigt werden. Und zuletzt muss man feststellen: Das Konzept ist schlicht nicht bekannt genug, so dass Dritte eine URL eventuell nicht interpretieren können. Daher wird diese Trennung nicht weiter empfohlen.

Beim erweiterten Kurzbeleg wird eine URL nur im Quellenverzeichnis voll genannt und in den Fußnoten des Hauptteils der wissenschaftlichen Arbeit über einen Kurzbezeichner referenziert. Um die URL nicht zu verfälschen und sie dennoch „schön" in das Seitenlayout einzupassen, sind in MS-Word zwei Verfahren möglich:

- Trennen Sie die URL manuell mit einem „weichen Zeilenumbruch" (Tastenkombination: Shift+Enter). Die URL wird in die folgende Zeile umgebrochen, ohne dass ein Leerzeichen oder ein Bindestrich erforderlich sind. Dieses Vorgehen hat allerdings auch einen Nachteil: Bei Textergänzungen oder Änderungen am Layout kann der Zeilenumbruch verrutschen und die URL mitten in einer Zeile umbrechen.
- Benutzen Sie den sog. „bedingten Nullbreite-Wechsel". Es handelt sich dabei um ein bei der Druckausgabe unsichtbares Sonderzeichen, das die URL nicht verändert und von der Textverarbeitung nur beachtet wird, wenn es am Zeilenende steht. Änderungen an Text und Layout sind damit unproblematisch. Sie fügen den „bedingten Nullbreite-Wechsel" ein, indem Sie folgende Klicks ausführen: „Einfügen > Symbol > Weitere Symbole" und dann den Reiter „Sonderzeichen" wählen. In der Liste findet sich dann der „bedingte Nullbreite-Wechsel".

Tipp

Sie können für den „bedingten Nullbreite-Wechsel" eine Tastenkombination („Shortcut") festlegen, so dass die langwierige Klickstrecke überflüssig wird.

Auf der Internetseite <http://www.thema-abschlussarbeit.de> finden Sie eine Anleitung mit Bildschirmfotos.

Ebenfalls eine scheinbare Kleinigkeit ist die Frage, wo eine URL beginnt und endet und wie diese Stellen zu kennzeichnen sind. Wird ein Punkt als Abschluss genommen, kann dieser als Teil der URL gesehen werden und einen Fehler produzieren. Die Verwendung der spitzen Klammern zur Abgrenzung rund um eine URL wird bereits länger empfohlen.[50]

[50] Vgl. Alberth, Zitieren des Internets, 1998, S. 1372.

Tipp

Textverarbeitungen wie MS-Word führen oft eine Autokorrektur aus. Sie sorgt z. B. dafür, dass eine vom Programm erkannte URL automatisch in einen Hyperlink konvertiert wird. Dieser ist erkennbar an blauer Schriftfarbe und unterstrichenem Text. Die spitzen Klammern werden von der Autokorrektur entfernt.

Hierzu gibt es folgende Lösungen: 1) Machen Sie unmittelbar nach der Konvertierung die „letzte Eingabe rückgängig" (Word-Tastenkombination: Strg+Z), dann erscheinen die spitzen Klammern wieder oder 2) deaktivieren Sie unter „Datei > Optionen > Dokumentprüfung > AutoKorrektur-Optionen > AutoFormat" die Einstellung „Internet- und Netzwerkpfade durch Links".

Zu jeder **URL** muss deren **Protokoll** (z. B. http:// oder https://) angegeben werden.[51] Dafür gibt es mindestens drei Gründe:

- Zum Ersten werden Inhalte zunehmend als Secure-http (https) angeboten und müssen damit über den Dienst „https://" aufgerufen werden. Da bei einem http-Aufruf gegebenenfalls Fehler (*404 – File not Found*) resultieren, ist die Angabe des Dienstes unentbehrlich.
- Zum Zweiten ergeben sich Sortierungsprobleme, wenn von einem Herausgeber mehrere Quellen angegeben werden und einmal mit vorangestelltem Dienst und einmal ohne Dienst im Quellenverzeichnis sortiert wird.
- Zum Dritten ist eines der obersten Gebote für jede wissenschaftliche Arbeit, dass Zitate und Quellenbelege einheitlich aufgebaut sind. Sollte also einmal ein Dienst – z. B. das bereits genannte https – angegeben werden, muss dies immer geschehen.

Grundkonsens bei der Zitation einer URL und deren Notation ist, dass das Abrufdatum angegeben werden soll.[52] Dabei sollte nur der Zugriff datiert sein und nicht der „letzte Zugriff am".[53]

Als Datumsformat ist das gebräuchliche Tag-Monat-Jahr-Schema („tt. mm.jahr") ausreichend, solange nicht auf Englisch publiziert wird.

---

[51] Anders sieht dies *Rossig*, der bei WWW-Inhalten auf die Angabe des http-Protokolls verzichten kann, vgl. Rossig, Leitfaden, 2011, S. 137, dort in Fußnote 68.

[52] Vgl. Runkehl/Siever, Zitat im Internet, 2001, S. 97; Theisen, Wissenschaftliches Arbeiten, 2017, S. 231 f.; Voss, Wissenschaftliches Arbeiten, 2010, S. 102.

[53] Für den Beleg des fremden Gedankenguts ist nur das Datum des konkreten Abrufs relevant. Irrelevant ist, ob es sich um den „ersten" oder „letzten" Zugriff handelte. Zudem impliziert „letzter Zugriff" sprachlich, dass die Quelle bereits länger verfügbar ist.

Grundsatz: Notation und Trennung einer URL

Für die Notation und Trennung von URLs wird festgelegt:

- Anfang und Ende einer URL werden durch spitze Klammern gekennzeichnet.
- Eine URL nennt immer das verwendete Protokoll.
- Zum Umbruch von URLs werden ein „weicher Zeilenumbruch" oder ein „bedingter Nullbreite-Wechsel" verwendet.
- Ergänzend zur URL wird außerhalb der spitzen Klammern das Datum des Abrufs genannt.

5. Aufbau und Verwendung der DOI-Angaben

Onlinequellen haben den Nachteil der Flüchtigkeit, dies wird auch in diesem Buch mehrfach betont. Es gibt bereits Lösungsansätze für dieses Problem. Sie basieren auf dem Grundgedanken, nicht mehr den Speicherort eindeutig zu beschreiben, sondern das Objekt. Kennt man das Objekt braucht man nur noch eine Art „digitalen Bibliothekar", der einem sagt, wo man es im Internet gerade findet.

Der sog. **Digital Object Identifier (DOI)** setzt die eindeutige Identifikation eines Objektes um. Zu einem eindeutigen DOI-Code, vereinfacht vergleichbar mit einer ISBN, werden der oder die Standorte auf einem Server, dem sog. Resolver, gespeichert. Fragt man einen DOI-Code beim Resolver ab, sucht der Server in seiner Datenbank, unter welcher URL das Objekt aktuell zu finden ist und liefert diese Adresse an den Fragesteller aus.

DOI-Codes haben folgenden Aufbau: „10.Orgcode/ID", wobei „10." ein festes System ist, „Orgcode" einen Code für die veröffentlichende Organisation darstellt und „ID" deren weitgehend frei wählbarer Bezeichner ist. Der Verlag *Franz Vahlen* hat als Orgcode z. B. die Nummer „15358", so dass DOI-Codes des Verlages stets mit „10.15358/" beginnen.

Ein Resolver für DOI-Codes findet sich unter: <http://dx.doi.org/>. Dort kann der DOI manuell in einer Suchmaske abgefragt werden oder man spricht den Server gleich unter Angabe des DOI an: <http://dx.doi.org/10.15358/0935-0381-2016-1-U1>.

Beispiel: DOI-Resolver

Die folgende Beitragsnennung in einem Quellenverzeichnis weist eine DOI aus:

> Kaufmann, Patrick J./Donthu, Naveen/Brooks, Charles M. (Application, 2007): An Illustrative Application of Multi-Unit Franchise Expansion in a Local Retail Market, in: Journal of Marketing Channels, Jahrgang 14, Heft 4, 2007, S. 85–106. <doi:10.1300/J049v14n04_05>.

Um einen (!) Speicherort des Beitrages zu erfahren, gibt man entweder die DOI manuell bei einem Resolver ein oder ruft direkt die folgende URL auf:

> <http://dx.doi.org/10.1300/J049v14n04_05>

Im Ergebnis wird man zu einer Webseite des Verlages geleitet, auf der sich der Beitrag (evtl. gegen Gebühr) abrufen lässt.

Die Vorteile des DOI-Systems sind offensichtlich:

- Werden die Verzeichnisse auf einem Server reorganisiert oder zieht das Angebot zu einer anderen Domain um, ändert sich die URL. Der DOI bleibt jedoch unverändert, so dass zitierte Dokumente weiterhin auffindbar sind.

Grundsatz: Verwendung von DOI-Angaben

Für die Arbeit mit DOI-Codes gilt:

Der Protokoll-Handle „doi:" wird kleingeschrieben und ist zwingender Bestandteil des Codes.[54]

- Anfang und Ende eines DOI werden durch spitze Klammern gekennzeichnet.
- Ist ein DOI verfügbar, wird dieser der URL bevorzugt. Eine URL wird nicht mehr angegeben.
- Der DOI erfordert kein „Zugriffdatum".
- Der DOI steht an letzter Stelle einer Quellenangabe.

6. Schema zur Notation der Quellenangaben im Quellenverzeichnis

Für die in den folgenden Kapiteln angegebenen konkreten Zitiervorgaben wird ein Schema benötigt, das deren Notation erlaubt.

Es werden folgende Elemente zur Beschreibung der Zitation benutzt:

54 Vgl. DOI (Hrsg.), Presentation [Online], 2016.

Notation	Zweck
„Platzhalter"	Der Begriff zwischen den Anführungszeichen ist im konkreten Fall zu ersetzen.
{fakultativ}	Das gesamte Element ist fakultativ. Je nach konkreter Datenlage kann es erforderlich oder entbehrlich sein.
ABC/DEF	Der Schrägstrich „/" gibt Optionen vor, von denen mindestens eine gewählt wird.
+Leerzeichen	Ein Leerzeichen ist zu ergänzen.

Tabelle 9: Elemente der Zitiervorgaben

Die Angaben im Quellenverzeichnis folgen allgemein dem Aufbau, dass der Autorenname bzw. Herausgeber an erster Stelle steht. Es folgen der Kurzbezeichner in runden Klammern[55] und weitere Angaben zur Quelle.

Im Quellenverzeichnis haben die Kurzbezeichner eine wichtige Funktion: In der Art eines Schlüssel-Schloss-Prinzips erlauben sie die Zuordnung von Fußnotenbeleg aus dem Hauptteil der Arbeit und der Quelle. Erst damit wird dem Leser die volle Information zugänglich, um die Fußnote gegebenenfalls selbst prüfen zu können. Daher ist es ein Fehler, wenn im Quellenverzeichnis die Kurzbezeichner fehlen: Eine Zuordnung ist streng genommen nicht möglich.

Beispiel: Eintrag für eine Print-Monografie

Ein sinngemäßes Zitat im Hauptteil der Arbeit bezieht sich auf S. 20 des Buches „Personalmanagement" von Dirk Holtbrügge. In der Fußnote steht bei Gebrauch des erweiterten Kurzbelegs:

> Vgl. Holtbrügge, Personalmanagement, 2018, S. 20.

Der Eintrag im Quellenverzeichnis lautet für diese Print-Monografie:

> Holtbrügge, Dirk (Personalmanagement, 2018): Personalmanagement, 7., überarb. und erw. Auflage, Springer Gabler, Berlin, 2018.

In der Klammer wird der Kurzbezeichner so wiederholt, wie er vorne in der Fußnote steht. Der volle Titel folgt dann hinter dem Doppelpunkt. Weitere bibliografische Angaben stehen dahinter.

[55] *Corsten/Corsten* empfehlen eckige Klammern, vgl. Corsten/Corsten, Bachelorarbeit, 2017, S. 77. Da jedoch eckige Klammern auch für Angaben zur Quellenart verwendet werden, erhöhen runde Klammern an dieser Stelle die Übersichtlichkeit.

Grundsatz: Angaben im Quellenverzeichnis

Für das Quellenverzeichnis gilt:

- Autorenname(n) bzw. Herausgeber stehen an erster Stelle.
- Es folgt der Kurzbezeichner in runden Klammern, gefolgt von einem Doppelpunkt.
- Es schließen sich die weiteren bibliografischen Daten an, diese können je nach Quelle unterschiedlich ausfallen.
- Quellen werden den Rubriken „Printquellen", „Onlinequellen" und „Unveröffentlichte Firmenquellen" zugeordnet und innerhalb dieser Rubriken nach dem ersten Autorennamen bzw. Herausgebernamen alphabetisch aufsteigend sortiert, wobei die Sortierreihenfolge nach Duden gilt.

D. Zitieren aus dem Internet und von elektronischen Quellen

Das Internet hat die Art des wissenschaftlichen Arbeitens sowohl mit Wissens- als auch Datenquellen grundlegend verändert. Beide Quellenarten stehen Studierenden „auf Tastendruck" bzw. „auf Klick" zur Verfügung und können für die eigene wissenschaftliche Arbeit genutzt werden.

Internet und elektronische Medien erleichtern die Recherche in und den Zugang zu **Wissensquellen**, z. B. Datenbanken mit Fachzeitschriften-Volltexten und elektronischen Büchern.

Ergänzend bieten eine Vielzahl an **Datenquellen** leicht zugängliche Informationen über das reale Wirtschaftsgeschehen. **Bundesämter** veröffentlichen **Statistiken**, die Online-Ableger von im Print-Bereich anerkannten **Tages- und Wochenzeitschriften** sowie spezielle **Branchen-Fachportale** informieren in Echtzeit über das Marktgeschehen. Finanzportale bieten teilweise kostenfreien Zugriff auf historische **Aktienkurse**.

Neben diesen Akteuren publizieren hunderte Millionen **User** aus eigenem Antrieb heraus Informationen dazu, wie sie beispielsweise Produkte nutzen und bewerten, oder welche Meinung sie zu bestimmten Themen haben. Foren, Blogs und Videokanäle sind voll von diesem „User-generated Content" des **„Web 2.0"**. Für wissenschaftliche Arbeiten offenbart sich hier ein **Schatz an Daten**, sofern man sie mit passender Zitation zu heben vermag.

In diesem Kapitel wird das Zitieren von wissenschaftlichen und allgemeinen elektronischen Quellen sowie Internetquellen betrachtet. Explizit von Firmen zu Kommunikationszwecken eingesetzte Quellen werden auf Grund ihrer werblichen und in der Urheberschaft begründeten Spezifika vertieft im Folgekapitel behandelt.

I. Besonderheiten digitaler Quellen

Die Arbeit mit digitalen Quellen folgt im Wesentlichen den gleichen Grundregeln wie diejenige mit Printquellen. Grundsätzliche Argumente sprechen für die Zitierfähigkeit des Internets und elektronischer Quellen:[56]

[56] Vgl. Alberth, Zitieren des Internets, 1998, S. 1369.

- Wichtig ist die Information, nicht das (Übertragungs-)Medium.
- Aussagen eines renommierten Wissenschaftlers werden nicht deshalb irrelevant, weil sie per Internet kommuniziert werden.
- Eine Publikation im Internet ist als Veröffentlichung zu werten, da sie weltweit abgerufen, gespeichert und gedruckt werden kann.

Aber es gibt auch Besonderheiten, die spezielle Überlegungen zu Zitierfähigkeit und insbesondere der Zitierwürdigkeit und der Themenrelevanz erfordern.

Bei der Arbeit mit **digitalen Quellen** sind folgende **Besonderheiten** zu beachten:

- Jeder kann elektronische Quellen veröffentlichen.
- Inhalte und Speicherorte im Internet können sehr dynamisch sein.
- Eine Vorab-Qualitätskontrolle publizierter Inhalte ist im Internet nicht zwingend.

Jeder kann elektronische Quellen veröffentlichen:

- Das Internet ist konzeptionell darauf ausgelegt, dass darin **jeder Inhalte anbieten** kann. Einfach zu bedienende Werkzeuge wie das Blog-System *Wordpress* sind kostenfrei verfügbar und erlauben es jedem, innerhalb weniger Minuten Seiten und Beiträge in einem Blog zu veröffentlichen.
- Zur Publikation benötigter Webspace kann bei sog. Free-Hostern kostenfrei genutzt oder für sprichwörtlich „einen Euro" bei einem Dienstleister angemietet werden.
- Die Online-Enzyklopädie Wikipedia hatte ihren Ursprung in der Möglichkeit, weitgehend anonym Texte in das Projekt einzubringen.
- Für den Nutzer ist oftmals **unbekannt**, welche **formale Qualifikation** (etwa eine Ausbildung oder ein Studium) eine Autorin oder ein Autor mitbringt. Die Zitierwürdigkeit einer digitalen Quelle ist aus diesem Grund oft schwer zu beurteilen.

Inhalte und Speicherorte im Internet können sehr dynamisch sein:

- Im **Internet** fallen die klassischen Publikationskosten (gedruckte Auflage) weg, die „Offline" von jemandem im Voraus getragen werden müssen. Es wird daher **„schneller"** und **„mehr" veröffentlicht** als im Print-Bereich. Die Menge an verfügbaren Informationen steigt stetig.
- **Geschwindigkeitsvorteil**: Die schnelle Veröffentlichung kann positiv gesehen und als Geschwindigkeitsvorteil interpretiert werden. Neue Erkenntnisse können sofort eigenständig publiziert werden und bestehende Publikationen lassen sich sofort inhaltlich korrigieren.
- **Flüchtigkeit** des Mediums: Die im Internet publizierten Inhalte können jederzeit inhaltlich ergänzt, gekürzt oder gar gelöscht werden.

Eine Stabilität, wie man sie von gedruckten Auflagen her kennt, gibt es im Internet nicht.

- Die Flüchtigkeit birgt insbesondere für die Zitierfähigkeit Herausforderungen.[57]

Eine Vorab-Qualitätskontrolle publizierter Inhalte ist im Internet nicht zwingend:

- Im Internet existiert keine zentrale Freigabestelle für Inhalte und zwischen Autor und Leser tätige Institutionen wie Verlage sind nicht zwingend. Da prinzipiell jeder im Internet publizieren kann, erscheinen auch Inhalte ohne jegliche Qualitätssicherung.
- Absichtlich gegebene Falschinformationen (z. B. zur Meinungsbeeinflussung) oder auch versehentlich aufgenommene Fehler (aus Unwissenheit) stehen im Internet gleichberechtigt neben qualitativ hochwertiger Fachinformation.[58]
- Bei der Prüfung auf Zitierwürdigkeit ist die Qualität einer Quelle besonders genau zu untersuchen.

Im Fazit bedeutet dies, dass die **Qualitätskontrolle** und **Archivierung** der Quellen auf den User zurückverlagert wird. Studierende müssen die Qualität einer Quelle im Sinne der **Zitierwürdigkeit selbst beurteilen** können. Hilfestellung dazu gibt der kommende Gliederungspunkt.

II. Qualitätskriterien und Zitierwürdigkeit elektronischer Quellen

Standard-Suchmaschinen generieren zu nahezu jeder Suchanfrage Treffer und Verweise im Internet. Die leichte Verfügbarkeit elektronischer Quellen, die dank Smartphone einen ubiquitären Charakter annimmt, verführt während der Materialrecherche leicht dazu, elektronische Quellen für die eigene wissenschaftliche Arbeit bevorzugt nutzen zu wollen.

Allerdings gehen dabei oftmals Qualitätsansprüche an die Quellen verloren. Nur weil etwas beispielsweise im Internet publiziert ist, wird daraus nicht automatisch eine zitierwürdige Quelle. Der Medienwis-

[57] Prinzipiell schränkt die Flüchtigkeit des Internets dessen Zitierfähigkeit nicht ein: Alberth vergleicht eine im Internet verschwundene Publikation eher mit einem Buch, das irgendwann vergriffen ist, vgl. Alberth, Zitieren des Internets, 1998, S. 1369.

[58] Verfechter einer freien Publikationskultur weisen darauf hin, dass das Internet über eine ex-post Selbstkontrolle verfügt: Fehlerhafte Inhalte würden Nutzern schnell auffallen und in der Folge korrigiert. Das setzt voraus, dass entweder User die Korrekturen selbst vornehmen können oder dass der Autor an der Korrektur mitwirkt.

senschaftler *Stefan Weber* kritisierte bereits 2006, dass die Erstellung von Abschlussarbeiten eher ein „**Web-Sampling**“ darstellt, bei dem „akademische Abschlussarbeiten aus einer schier endlosen Aneinanderreihung von Textfragmenten aus dem Internet bestehen“.[59]

Studierende beachten für eine wissenschaftlich einwandfreie Nutzung elektronischer Quellen zu selten deren Qualität. Es ist verkehrt, nach dem Motto zu verfahren: „Ich zitiere, also arbeite ich wissenschaftlich“. Es kommt, wie bereits generell gezeigt, auf den beabsichtigten Verwendungszweck und die diesbezügliche Zitierwürdigkeit jeder einzelnen Quelle an.

Die für alle Quellenarten geltenden allgemeinen Ausführungen zur **Zitierwürdigkeit** und **Themenrelevanz** werden hier weiter präzisiert und um Kriterien ergänzt, die **speziell für elektronische Quellen** beachtet werden sollten:

- Möglichst **personalisierter Autor**: Für eine Zitierwürdigkeit spricht, wenn der Autor sich auch im Internet mit vollem Namen zu seiner Publikation bekennt. Dies ermöglicht Recherchen hinsichtlich seines Werdeganges, anderer Publikationen etc. Künstliche „Nicknames“ oder „Avatare“ sind demgegenüber weniger glaubwürdig, aber nicht per se „unglaubwürdig“.
- Möglichst **keine Publikation als Nutzer** einer Seite, d. h. über Foren oder Kommentarfunktionen: Glaubwürdigkeit erzielt eine Publikation – und das gilt auch für Meinungsäußerungen – eher, wenn sie einer Person oder einer Institution zugerechnet werden kann. Veröffentlichungen in einem Forum erfolgen oftmals auch für den Seitenbetreiber anonym.[60] Die Glaubwürdigkeit der Veröffentlichung leidet, die Zitierwürdigkeit nimmt ab.
- Möglichst ein **vollständiges Impressum**, das auf der veröffentlichenden Webseite in der Seitennavigation leicht zu finden ist: Die Nachprüfbarkeit einer Quelle erhöht sich, wenn ein Kontakt zum Anbieter leicht herstellbar ist.
- Möglichst **viele Informationen über den Autor** und **seine Qualifikation**: Dies erlaubt eine Recherche und eine abschließende Einschätzung hinsichtlich der Güte der angebotenen Informationen. Beispielsweise finden sich auf den Webseiten eines Lehrstuhls meist auch Informationen zum Lebenslauf des Lehrstuhlinhabers.

---

[59] Weber, Web-Sampling [Online], 2006.

[60] Zwar kann theoretisch auch bei einer vermeintlich anonymen Veröffentlichung über die IP-Adresse und Uhrzeit der Urheber gefunden werden, jedoch ist dies ein Vorgehen, das rechtlich außerhalb der wissenschaftlichen Sphäre liegt, sehr aufwändig ist und das man damit getrost Ermittlungsbehörden überlassen kann.

- Möglichst **keine allzu offensichtliche Gewinnerzielungsabsicht**: Viele Webseiten im Internet sollen ihren Besitzern durch Werbeinnahmen und Partnerprogramme ein sog. „passives Einkommen" erbringen. Um Inhalte für diese Webseiten zu schaffen, greifen die Betreiber (legal) auf die Inhalte von Wikipedia zurück oder paraphrasieren (grenzwertig) Bücherwissen und veröffentlichen das Ergebnis suchmaschinenoptimiert auf ihren Seiten. Wann immer eine Seite mit Werbebannern, Anzeigen oder ähnlichen Angeboten überladen ist, sollte dies hinsichtlich der Quelle und ihrer Güte jeden vorsichtig werden lassen.
- Möglichst eine **„seriöse" Domain** sowie ein **„seriöser" Pfad** zur Quelle: Domainnamen, die stark werblich klingen („rechnungswesen-experten.de"), katalogoptimiert sind („1a-bwl-definitionen.de") oder „privat" klingen („geocities.com/kleine-hexe-89/hobby/strategie.html") sprechen nicht für die Qualität der Quelle.[61] Das ist kein Beweis, sondern nur ein Indiz.
- Möglichst **enger Themenbezug** der veröffentlichenden Umgebung zum Thema der Quelle: Als Hypothese zur Unterstützung der Zitierwürdigkeit kann dann angenommen werden, dass wer sich fortgesetzt mit einem Thema befasst, diesbezüglich auch gewachsene Kompetenzen aufweist.

Zusätzlich zu diesen äußeren, schnell zu prüfenden Faktoren lassen sich auch inhaltliche Kriterien für die Zitierwürdigkeit benennen:

- Möglichst informativer Text, der sprachlich um Objektivität bemüht ist.
- Die Quelle nennt ihrerseits Quellen.

Sind Internet- und elektronische Quellen zitierwürdig und themenrelevant, muss „nur noch" deren Zitierfähigkeit hergestellt werden, damit sie bedenkenlos in einer wissenschaftlichen Arbeit zitiert werden können. Dies betrachtet der folgende Gliederungspunkt.

III. Zitierfähigkeit der Quellen verbessern

Die **Zitierfähigkeit** einer Onlinequelle wird verbessert, indem vier Kriterien weitgehend erfüllt sind: **Eindeutigkeit**, **Verortbarkeit**, **Zugänglichkeit** und **Dauerhaftigkeit** der Quelle.

Die **Eindeutigkeit** fordert, dass die Quelle unzweideutig gegenüber anderen Materialien abgegrenzt werden kann. In Analogie zu Printquellen erreicht man dies zuerst über Angaben zum Verfasser und zum Titel der Quelle. Im Internet werden neben Realnamen oftmals

---

[61] Die genannten Domains waren bei Erstauflage des Buches nicht registriert.

auch Pseudonyme verwendet. Für die Zitierfähigkeit ist dies unproblematisch, da üblicherweise auch damit innerhalb einer Webseite ein Autor identifiziert werden kann. Für die Zitierwürdigkeit sieht dies jedoch anders aus.

Problematisch ist der Titel der Quelle. Hier gibt es konkurrierende Möglichkeiten, da eine Internetseite bis zu drei verschiedene Titel haben kann: Zunächst der Titel, wie er sich im Inhaltsbereich einer Internetseite präsentiert. Das ist z.B. der Text, der optisch durch Schriftgröße und Fettsatz als „**Überschrift**" oder „**Headline**" eines Beitrages identifiziert wird. Daneben hat eine Internetseite einen weiteren Titel, der in der Dokumentenbeschreibungssprache HTML im sog. „title-Tag" angeben und vom Internetbrowser als Bezeichner in der Registerkarte verwendet wird, sowie eventuell einen Titel in den Meta-Daten einer Seite[62]. Da die beiden letzten Angaben nicht unmittelbar wahrgenommen werden, sollte stets der Inhaltstitel der Quelle (Überschrift, Subject eines Forenpostings etc.) zur Benennung der Quelle verwendet werden.

Ergänzend können und sollen Versionsnummern, Publikationsdaten und weitere beschreibende Merkmale zur Sicherstellung einer eindeutigen Bezugnahme auf die Quelle verwendet werden.[63]

Zur Herstellung einer **Verortbarkeit** der Quelle müssen die in den vorherigen Unterpunkten aufgestellten technischen Regeln für URL und DOI beachtet werden. Die URL einer Quelle ist immer vollständig zu spezifizieren: Unter einer Domain finden sich üblicherweise eine Vielzahl von Inhaltsseiten. Es verbietet sich daher, abstrakt auf eine elektronische Quelle zu verweisen. Eine Quellenangabe muss den vollständigen Pfad zu einer Quelle benennen.

Beispiel

Soll der Begriff „Personalentwicklung" mit der Online-Version des Gablers Wirtschaftslexikon belegt werden, muss als Quelle direkt auf den Artikel verwiesen werden. Dieser ist unter folgender URL zu finden – und enthält „nebenbei" auch die Versionsnummer:

<http://wirtschaftslexikon.gabler.de/Archiv/326724/personalentwicklung-1-v9.html>

Unzulässig ist grundsätzlich der abstrakte Verweis auf die Domain:

<http://wirtschaftslexikon.gabler.de/>

---

62 Im Quelltext einer Internetseite sind im Kopfbereich sog. Meta-Angaben zum Inhalt der Seite möglich. Diese werden u.a. von Suchmaschinen genutzt. Eine Meta-Angabe bezieht sich explizit auf den Titel der Seite („meta name='title' content='...'). Der Quelltext wird angezeigt, indem man mit der rechten Maustaste über einer Internetseite klickt und „Seitenquelltext anzeigen" aus dem erscheinenden Menü wählt.

63 Vgl. Jele, Zitieren, 2012, S. 32

Die **Zugänglichkeit** ist **im „offenen" Internet gegeben**. Sie endet, wenn die zitierten Informationen hinter einer (bezahlpflichtigen) Schranke liegen, wie private Anbieter von Datenquellen sie oftmals als Geschäftsmodell etablieren. In manchen Zitier-Leitfäden finden sich Empfehlungen, User-/Passwort-Kombinationen in der Arbeit anzugeben.[64] Dies wird insbesondere aus rechtlichen Gründen abgelehnt.[65] In diesem Fall wird empfohlen, die Zugänglichkeit durch eine Archivierung der Quelle zu erhöhen und sie so dauerhaft verfügbar zu machen.

Zur **Zitierfähigkeit** gehört die **dauerhafte Verfügbarkeit** der Quellen. Diese wird (zumindest für die Begutachtung der Arbeit) erreicht, indem sog. „**Archivquellen**"[66] angelegt werden. Zur Schaffung der Archivquellen sind drei Ansätze möglich:

- Onlinequellen werden in den Anhang der Arbeit übernommen,
- sie werden (ausgedruckt/elektronisch) beim Studierenden archiviert und auf Verlangen des Gutachters oder eines Lesers nachgewiesen,
- sie werden elektronisch archiviert, auf einen optischen Datenträger (CD/DVD) gebrannt und der Arbeit in einer dafür vorgesehen (Papier-)Tasche beigefügt.

Bei der ersten Variante ist eine dauerhafte Prüfbarkeit der Quellen garantiert, da der Anhang bei allen Kopien der Arbeit erhalten bleibt. Allerdings bläht dies den Anhang eventuell enorm auf. Zur zweiten Alternative ist mindestens zu sagen, dass Studentenanschriften sich meist mit Abschluss des Studiums ändern und daher von echter Dauerhaftigkeit auch nicht ausgegangen werden kann. Die beste der drei Varianten ist daher, die **Quellen auf einem Datenträger** mitzuliefern – dann kann ein Gutachter auch ohne Zeitverzug relevante Passagen einsehen. Gegen Ende dieses Kapitels finden Sie Hinweise, welche **Werkzeuge** die Archivierung unterstützen können.[67]

IV. Konkrete Zitiervorgaben nach Werks-/Medienart

1. Audio Stream/Podcast

Audio-Streams und Podcasts sind Sendeformate für Audio-Dateien, die entweder durch einen gezielten Besuch einer Internetadresse zum

---

64 Vgl. Rossig, Leitfaden, 2011, S. 138; Fachbereich IB der DHBW Mannheim (Hrsg.), Leitfaden [Online], 2011, S. 27.

65 Bewusste Veröffentlichungen von User-/Passwort-Kombinationen sind üblicherweise ein Verstoß gegen die AGB.

66 Vgl. Jele, Zitieren, 2012, S. 33.

67 Siehe Kapitel D.V.1.

Hören aus dem Internet bezogen („gestreamt“) werden oder durch ein spezielles Podcast-Abonnement automatisch heruntergeladen werden.

Für wissenschaftliche Arbeiten können die Audio-Inhalte z. B. tagesaktuelle Kommentare, Interviews oder (redaktionell kommentierte) Beiträge als Datenquellen liefern. Auch reine Sachbeiträge sind wie andere Medieninhalte zitierfähig, jedoch sollte aus Sicht der Zitierwürdigkeit dafür eine traditionelle (Fachbuch-)Quelle verwendet werden.

Beispiel: Audio-Stream

Ein Audio-Stream zu Lenin aus einer Sendung vom 31.07.2015 soll zitiert werden. Im Quellenverzeichnis wird die Quelle wie folgt notiert:

> Demmelhuber, Simon (Lenin [Online], 2015): Ein fanatischer Revolutionär – Lenin – Wladimir Iljitsch Uljanow, Audio-Stream vom 31.07.2015, verfügbar unter: <http://www.br.de/radio/bayern2/wissen/radiowissen/geschichte/lenin-uljanow-russland100.html>, Zugriff am: 02.01.2016.

Die Bezugnahme auf den Zeitpunkt 10:45 Min. der Audio-Quelle lautet:

> Vgl. Demmelhuber, Lenin [Media], 2015, 10:45 Min.

Allgemeines Schema zur vollständigen Nennung im Quellenverzeichnis:

- „Name“, „Vorname“ {+*Leerzeichen/Tabulator*}
- („Kurztitel“ [Online], „Jahr“):
- „Vollständiger Titel des Audio-Beitrages“, {ggf. ergänzende Informationen,}
- verfügbar unter: <„URL“>, Zugriff am: „Datum“.

Typische Probleme und Lösungsansätze zu dieser Quelle:

- Ist der Titel des Beitrages dem Audio-Stream zu entnehmen? Lösung: Nein, verwenden Sie den Titel, unter dem der Beitrag im Internet (redaktionell) angekündigt wird. Hintergrund: Das Web kann man per Suchmaschine durchsuchen, Inhalte des Audio-Streams sind noch nicht erfasst. Dies ist evtl. wichtig für die Wiederauffindbarkeit.

2. Blog

Das Kunstwort „Blog“ ist eine Verbindung der englischen Begriffe „Binary“ und „Log“. Es steht ursprünglich für eine Webseite, auf der ein Autor Inhalte aus seiner persönlichen Sicht publiziert. Bei den Autoren kann es sich durchaus um Fachexperten und Branchenkenner handeln. Die hohe Glaubwürdigkeit und die Möglichkeit zur Interaktion über Kommentare lassen auch Firmen „bloggen". Mit „Corporate Blogs" haben sie einen weiteren Kommunikationskanal entdeckt.

Auf der Webseite eines Blogs ist standardmäßig zu erkennen, wer wann einen Beitrag erstellt hat. Da Inhalte allerdings durchaus unter einem Pseudonym veröffentlicht werden, ist die Zitierwürdigkeit stets zu prüfen.

Beispiel: Blogeintrag

Es soll ein Blogeintrag zitiert werden, der die Personalrecruiting-Kampagne der Deutschen Bahn („Kein Job wie jeder andere") bespricht:

> Altmann, Lutz (Deutsche Bahn [Online], 2012): Deutsche Bahn bubbelt – Kein Job wie jeder andere, Blogeintrag, verfügbar unter: <http://www.personalmarketingblog.de/deutsche-bahn-bubbelt-kein-job-wie-jeder-andere>, Zugriff am: 07.01.2016.

In Fußnoten wird die Quelle bei erweiterter Kurzzitierweise wie folgt verwendet:

> Vgl. Altmann, Deutsche Bahn [Online], 2012.

Allgemeines Schema zur vollständigen Nennung im Quellenverzeichnis:

- „Name", „Vorname"/„Pseudonym" {+*Leerzeichen/Tabulator*}
- („Kurztitel" [Online], „Jahr"):
- „Vollständiger Titel des Blogeintrags", Blogeintrag,
- verfügbar unter: <„URL">, Zugriff am: „Datum".

Typische Probleme und Lösungsansätze zu dieser Quelle:

- Kann statt [Online] auch [Blogeintrag] geschrieben werden? Lösung: Ja, dies wird durchaus in anderen Zitierratgebern vorgeschlagen.[68] Allerdings stellt sich die Frage, was technisch und qualitativ den Blogeintrag von einer anderen Webseite unterscheidet?

3. DVD/CD

Bei der „Digital Versatile Disc" (DVD) und „Compact Disc" (CD) handelt es sich um optische Speichermedien, auf denen große Datenmengen gespeichert werden können. Mittels DVD/CD werden Texte, Powerpoint-Foliensätze, Statistiken, Datenbestände und zudem Audio- und Video-Sequenzen bis hin zu kompletten Filmen publiziert. DVD/CD sind vom Quellentyp [Media].

---

[68] Vgl. Bagusche, Zitieren [Online], 2013, S. 39; Prexl, Digitale Quellen, 2015, S. 145.

Für die Zitation wird geklärt, ob es sich um einen Datenträger mit einem Einzelwerk oder um eine Sammlung von Beiträgen handelt. In Analogie zur klassischen Print-Zitation läuft dies auf die Unterscheidung Monografie oder Sammelwerk hinaus.

Als Beispiel für ein Einzelwerk wird eine Hörbuch-CD betrachtet. Auf dem Cover oder der Rückseite des Produktes sind Autor, Verlag und Publikationsjahr angegeben. Fundstellen werden mit Zeitangaben (Minuten:Sekunden) referenziert.[69]

Beispiel: Hörbuch-CD

Im Quellenverzeichnis erfolgt die vollständige Nennung der Quelle:

> Tumuscheit, Klaus D. (Erste-Hilfe-Koffer [Media], 2005): Erste-Hilfe-Koffer für Projekte – 33 Lösungen für die häufigsten Probleme, Radioropa Hörbuch, Daun, 2005.

In der Fußnote erfolgt ein sinngemäßer Verweis auf einen bestimmten Track zur Laufzeit 22 Sekunden wie folgt:

> Vgl. Tumuscheit, Erste-Hilfe-Koffer [Media], 2005, CD 2, Track 1, 0:22 Min.

Unter dem Gesichtspunkt der Zitierwürdigkeit ist allerdings darauf hinzuweisen, dass Sie nie eine Hörbuch-CD zitieren sollten, wenn es eine entsprechende Printausgabe als Fachbuch gibt.

Das Zitieren eines „Sammelwerkes“ verdeutlicht folgendes Beispiel:

Beispiel: Video auf Daten-CD

Im Quellenverzeichnis erfolgt die vollständige Nennung der Quelle:

> Bullinger, Hans-Jörg (Wettbewerbspotentiale Wissensmanagement [Media], 1998): Was sind die Wettbewerbspotentiale des Wissensmanagements? in: Medienwerkstatt Berlin (Hrsg.): Wissensmanagement, 24. Deutsche Industrial-Engineering-Fachtagung, Berlin, 1998. Auf dem Medium verfügbar unter: <file:///E:/wissen/wissen/bull3li.htm>.

In der Fußnote erfolgt ein sinngemäßer Verweis auf die Quelle wie folgt:

> Vgl. Bullinger, Wettbewerbspotentiale Wissensmanagement [Media], 1998, 0:30 Min.

Allgemeines Schema zur vollständigen Nennung im Quellenverzeichnis:

- „Name“, „Vorname“ {+*Leerzeichen/Tabulator*}
- („Kurztitel“ [Media], „Jahr“):

[69] Vgl. Jele, Zitieren, 2012, S. 70.

- „Vollständiger Titel der Quelle“,
- „Verlag, Ort, Jahr“. / in: „Herausgeber“ (Hrsg): „Titel des Datenträgers“, „Ort“, „Jahr“. Auf dem Medium verfügbar unter: <„File“>.

4. E-Book

Das Zitieren von elektronischen Büchern (E-Books) ist unproblematisch und erfolgt analog zu Printquellen, sobald das Buch über eine eigene ISBN oder einen DOI verfügt. Bei Printquellen wird die ISBN je nach Zitierstandard nicht angegeben. Ebenso kann hier verfahren werden. Sollte allerdings ein DOI verfügbar sein, wird empfohlen, diesen anzugeben, da das E-Book über ihn direkt beschaffbar ist.

Beispiel: E-Book mit ISBN/DOI

Im Quellenverzeichnis wird ein solches E-Book vollständig referenziert:

Rohrlack, Kirsten (Personalbeschaffung [E-Book], 2012): Personalbeschaffung – kompakt, Rainer Hampp Verlag, Mering, 2012, <doi:10.1688/9783866189065>.

In der Fußnote erfolgt ein sinngemäßer Verweis auf die Quelle wie folgt:

Vgl. Rohrlack, Personalbeschaffung [E-Book], 2012, S. 67.

Handelt es sich bei dem E-Book um eine Publikation, die ohne ISBN erfolgte, kann die Quelle mit ihrer URL auch direkt referenziert werden:

Beispiel: E-Book ohne ISBN

Im Quellenverzeichnis wird ein solches E-Book vollständig referenziert:

Bagusche, Stefan (Zitieren [E-Book], 2013): Richtig zitieren – eine Einführung, Version: 28. Februar 2013, Birkenfeld, 2013, verfügbar unter: <http://www.umwelt-campus.de/ucb/fileadmin/groups/45/Open_access_Dokumente/Zitieren__Crashkurs__-_2013-02-28.pdf>, Zugriff am: 15.03.2016.

Allgemeines Schema zur vollständigen Nennung im Quellenverzeichnis:

- „Name“, „Vorname“ {+*Leerzeichen/Tabulator*}
- („Kurztitel“ [E-Book], „Jahr“):
- „Vollständiger Titel der Quelle“,
- „Verlag, Ort, Jahr“. / verfügbar unter: <„URL“>, Zugriff am: „Datum“.

Typische Probleme und Lösungsansätze zu dieser Quelle:

- Ist das Format eines E-Books relevant? Lösung: Ja, denn das ePub-Format kennt beispielsweise keine festen Seiten, sondern bricht den Text nach den Fähigkeiten des konkreten Anzeige-Gerätes (Reader) um. Daher sind hier nachvollziehbare Bezugnahmen auf eine Fundstelle im Text durch Angaben des Kapitels, von Zwischenüberschriften etc. erforderlich.

Tipp

Prüfen Sie an Ihrer Hochschule, welche Datenbanken und E-Book-Sammlungen für die Studierenden lizensiert sind. Beides sind wertvolle Wissensquellen, die Sie für Ihre wissenschaftliche Arbeit auf dem Campus oder von zu Hause aus nutzen können und nutzen sollten.

5. Enzyklopädie

Eine Enzyklopädie ist ein sehr breit angelegtes, auch allgemeine Begrifflichkeiten umfassendes Nachschlagewerk. „Der Brockhaus“ oder das „Meyers Konversations-Lexikon“ waren im letzten Jahrhundert mitunter die bekanntesten Vertreter dieser Quellenart.

Online ist „Wikipedia“ der unangefochtene Platzhirsch bei den Enzyklopädien, sowohl was die Anzahl veröffentlichter Einträge als auch die Besucher betrifft. Die Einträge von Wikipedia sind – wie jede Webseite – zitierfähig, allerdings wird ihnen die Zitierwürdigkeit abgesprochen: Dazu könnte man nun qualitative Argumente anführen.[70] Gewichtiger aus Sicht dieses Buches ist die Tatsache, dass eine Enzyklopädie nicht die Arbeit mit einem Fachbuch (Primärliteratur) ersetzen kann.

Ihr haftet aus Sicht des Gutachters immer der Makel an, dass sie den kürzesten Weg zur Definition eines Begriffes darstellt und die Einordnung in das Wissensgebiet nicht geführt erfolgt. Letzteres liegt daran, dass in einer Online-Enzyklopädie vom Typ Wikipedia keine Hierarchie des Wissens existiert, sondern der geniale Ansatz der Hyperlink-Technologie ein flaches Wissensnetz erzeugt, in dem nur der Fachkundige gerichtet navigieren kann. Kurzum: Ich muss wissen, was ich suche, damit ich es finde.

---

[70] Die Autoren von Wikipedia wählen die Themen, zu denen sie schreiben, selbst. Meist wird eine fachliche Qualifikation der Autoren angenommen werden können, zwingend ist diese Annahme jedoch nicht. Da zudem viele Autoren unter einem Pseudonym schreiben, kann die Qualifikation nicht recherchiert werden. Eine Qualitätskontrolle der Inhalte ist im Aufbau.

Die Zitierwürdigkeit dieser Quellenart ist immer sehr kritisch zu prüfen. Sollte man aus einer Online-Enzyklopädie zitieren (müssen), erfolgt die Zitation wie bei einer Internetseite und an Stelle des Autors, sofern dieser nicht angegeben ist, wird die Webseite als Herausgeber genannt.

6. Fachlexikon

Das Fachlexikon zeichnet sich durch eine thematische Fokussierung auf bestimmte Fachbereiche aus. Es gibt im Internet Fachlexika, die sehr gut zitierfähig sind: Sie nennen den Autor eines Beitrages, kennzeichnen Versionsnummern und schlüsseln diese für eindeutige Bezüge sogar in die URL. Als Vertreter dieser Art von Lexikon zu nennen ist das „Gabler Wirtschaftslexikon“.[71]

Aus qualitativer Sicht wird darauf hingewiesen, dass Fachlexika dem Gutachter einer wissenschaftlichen Arbeit signalisieren, dass der schnellste Weg zur Definition gewählt wurde und kein Interesse an einer inhaltlichen Auseinandersetzung mit dem Fach bestand.

Beispiel: Fachlexikon

Der Eintrag „Jobrotation" wird zitiert und im Quellenverzeichnis wie folgt angegeben:

> Bartscher, Thomas (Jobrotation [Online], 2016): Jobrotation, Version 9, Eintrag im Gabler Wirtschaftslexikon, verfügbar unter: <http://wirtschaftslexikon.gabler.de/Archiv/57351/jobrotation-v9.html>, Zugriff am: 01.04.2016.

Die Bezugnahme in der Fußnote lautet bei erweitertem Kurzzitat:

> Vgl. Bartscher, Jobrotation [Online], 2016.

Allgemeines Schema zur vollständigen Nennung im Quellenverzeichnis:

- „Name“, „Vorname“ {+*Leerzeichen/Tabulator*}
- („Kurztitel“ [Online], „Jahr“):
- „Titel des Eintrags“, {Version,}
- Eintrag im „Lexikon“,
- verfügbar unter: <„URL“>, Zugriff am: „Datum“.

Typische Probleme und Lösungsansätze zu dieser Quelle:

- Wie geht man vor, wenn das Lexikon keinen Autor nennt? Lösung: Damit nehmen Zitierfähigkeit und -würdigkeit deutlich ab, es sei denn, ein Autor hat das Lexikon alleine verfasst. Prüfen Sie, ob Sie

[71] Im Internet zu finden unter: <http://wirtschaftslexikon.gabler.de/>.

die Quelle durch ein Fachbuch ersetzen können. Falls Sie die Quelle einsetzen (müssen), verwenden Sie den Namen des Lexikons als Herausgeber mit dem Zusatz „(Hrsg.)“.

7. Forum

Foren sind eine der ersten Formen der Interaktion zwischen Usern bzw. mit dem Webseitenbetreiber im Internet gewesen. Sie praktizieren eine gewachsene Kultur der Anonymität, die auch heute noch in vielen Foren gelebt wird. Daher sind Bezugnahmen auf Foreneinträge oft mit der Schwierigkeit behaftet, dass der Verfasser sich hinter einem Pseudonym („Nickname“/„Alias“) verbirgt. Da jedoch diese „Identitätsschleier“ in einem Forum abgesehen von Ausnahmen eindeutig sein müssen, können Bezüge auf einen Foreneintrag (Posting) und das Thema (Thread) hergestellt werden.

Beispiel: Foreneintrag/Posting

Der Forenbeitrag des unten genannten anonymen Users wird im Quellenverzeichnis wie folgt aufgeführt:

> Superdaytrader (Staatsschuldenberechnung [Online], 2016): Wie werden Staatsschulden berechnet?, Posting Nr. 52.097.105 vom 01.04.2016, 09:26:30 Uhr, verfügbar unter: <http://www.wallstreet-online.de/diskussion/1229282-1-10/staatsschulden-berechnet>, Zugriff am: 05.04.2016.

Verwendung in einer Fußnote bei erweitertem Kurzzitat wie folgt:

> Vgl. Superdaytrader, Staatsschuldenberechnung [Online], 2016.

Allgemeines Schema zur vollständigen Nennung im Quellenverzeichnis:

- „Name“, „Vorname“/„Pseudonym“ {+*Leerzeichen/Tabulator*}
- („Kurztitel“ [Online], „Jahr“):
- „Titel des Postings“/„Titel des Threads“,
- {Posting Nr. „Nummer“ vom „Datum“, „Uhrzeit“ Uhr,}
- verfügbar unter: <„URL“>, Zugriff am: „Datum“.

8. Gesetzestext

In vielen wissenschaftlichen Arbeiten sind Gesetzestexte Gegenstand oder Rahmenbedingungen der Ausarbeitung. Alle deutschen, aber auch zahlreiche internationale Gesetze sind in elektronischer Form in ihrer aktuellsten Fassung im Internet abrufbar. Beispielsweise stellt das Bundesministerium der Justiz und für Verbraucherschutz unter der Internetadresse www.gesetze-im-internet.de nahezu das gesamte aktuelle deutsche Bundesrecht kostenfrei zur Verfügung.

Für die Zitation von Gesetzen gelten einige Besonderheiten:

- Gesetzesquellen können auch im Text angegeben werden.
- Wird ein Gesetzestext nicht wörtlich, sondern z.B. als Auszug verkürzt („sinngemäß") wiedergegeben, wird statt des „Vgl." ein „s." (für „siehe") in Fußnoten verwendet. Aus Sicht von Juristen gibt es bei einem Gesetzestext nichts „zu vergleichen", er ist schlicht nachzulesen („einzusehen").
- Es werden kein Autor und kein Herausgeber genannt. Das Gesetz steht mit seiner offiziellen Abkürzung oder dem vollen Titel an erster Stelle des Belegs.
- Statt einer Seite gibt man als Fundstelle direkt den Paragraphen oder den Artikel (Artikelgesetze sowie Grundgesetz) sowie ggf. weitere Informationen zu Absatz, Nummer, Buchstabe, bis hin zur Satzziffer an.

Beispiel: Zitation von Gesetzestexten

Zuerst sehen Sie ein Formulierungsbeispiel bei Zitation im Text. Beachten Sie, dass die Fundstelle nur im Text angegeben wird und nicht in einer Fußnote wiederholt werden muss:

> ... Das Betriebsverfassungsgesetz gilt gem. §5 Abs. 3 BetrVG nur in besonders bezeichneten Fällen auch für leitende Angestellte. ...

Bei Zitation in der Fußnote gemäß erweitertem Kurzbeleg:

> ... Das Betriebsverfassungsgesetz gilt für leitende Angestellte nur in besonders im Gesetz bezeichneten Fällen.[2] ...

[2] s. §5 Abs. 3 BetrVG.

Gesetze werden üblicherweise nicht im Quellenverzeichnis genannt.[72] Als Ausnahme hiervon wird eine Arbeit gesehen, die sich wesentlich und vertieft mit den Gesetzestexten und ihrer historischen Veränderung befasst. Ein beispielhafter Titel einer solchen Arbeit könnte lauten: „Die betriebliche Mitbestimmung und ihre gesetzliche Verankerung seit 1972 im historischen Wandel". Dann ist denkbar, im Quellenverzeichnis einen Block „Rechtsquellen" zu führen, in dem alle in der Arbeit verwendeten Rechtsvorschriften alphabetisch sortiert geführt werden.[73] Werden verschiedene Fassungen eines Gesetzes eingetragen, so erfolgt die Sortierung ergänzend chronologisch aufsteigend.

Die für ein Rechtsquellenverzeichnis erforderlichen Informationen finden Sie, indem Sie bei den elektronischen Gesetzestexten die „Ge-

[72] Vgl. Sandberg, Wissenschaftlich Arbeiten, 2013, S. 136.
[73] Vgl. Balzert/Schröder/Schäfer, Wissenschaftliches Arbeiten, 2015, S. 206.

samtausgabe der Norm“ in einem beliebigen Format ansehen/herunterladen. Noch vor dem „nichtamtlichen Inhaltsverzeichnis“ findet sich ein Punkt „Vollzitat“: Dort sind die erforderlichen Angaben bereits zusammengefasst. Dies sind: Genauer Titel des Gesetzes, Fassung, letzte Änderung sowie Veröffentlichungsdaten im Bundesgesetzblatt.

Beispiel: Nennung der Rechtsquelle im Quellenverzeichnis
Betriebsverfassungsgesetz in der Fassung der Bekanntmachung vom 25. September 2001 (BGBl. I S. 2518), das zuletzt durch Artikel 4 des Gesetzes vom 16. Juli 2021 (BGBl. I S. 2959) geändert worden ist.

9. Gerichtsurteil und -beschluss

Gerichtsurteile und -beschlüsse sind für Wirtschaftswissenschaftler von enormer Bedeutung, da sie die durch Gesetze vorgegebenen Grenzen der Handlungs- und Gestaltungsfreiheit an realen Sachverhalten aufzeigen. Um nur drei wirtschaftlich relevante Bereiche zu nennen: Im Steuerrecht, Arbeitsrecht und Wettbewerbsrecht vermindern oder bestätigen Gerichtsurteile die möglichen Vorgehensweisen. Gerichtsurteile sind damit ein praktischer Prüfstein der theoretischen Möglichkeiten und finden Eingang in wissenschaftliche Arbeiten. Die Berücksichtigung von Gerichtsurteilen als Quelle zeigt zudem, dass eine Arbeit um Aktualität bemüht ist.

Gerichtsurteile als Quelle haben einige Besonderheiten:

- Auf Gerichtsurteile kann auch im Text verwiesen werden.
- Gerichtsurteile sind nicht als sinngemäße Zitate zu interpretieren, sondern vom Leser als Primärquelle aufzufassen. Daher gibt es hier kein „Vgl.“, sondern nur ein „siehe“ (abgekürzt als „s.“).
- Das Gericht, an dem das Urteil gesprochen wurde, ist als Quelle zu nennen. Es handelt sich bei ihm um ein Organ der Rechtsprechung. Die Nennung von Autoren bzw. Herausgeber entfällt.
- Oberverwaltungsgerichte, Verwaltungsgerichtshöfe sowie alle Gerichte, die auf Ebene der Bundesländer (z. B. Oberlandesgerichte, „OLG“) oder innerhalb eines Bundeslandes mehrfach existieren, werden mit dem Gerichtssitz und ggf. der zuständigen Kammer bezeichnet (z. B. gibt es in Bayern neben dem „Arbeitsgericht München“ das „Arbeitsgericht Regensburg“ mit seiner Landshuter Kammer „Arbeitsgericht Regensburg/Kammer Landshut“ etc.).
- Gerichtsurteile haben ein eindeutiges Aktenzeichen (abgekürzt: AZ) und sind insbesondere bei internationalem Bezug immer häufiger mit einem sog. „European Case Law Identifier“ (ECLI) versehen.

Dieser hat eine ähnliche Funktion wie der DOI.[74] Das Aktenzeichen wird im Text bzw. in der Fußnote genannt. Der eventuell vorhandene ECLI wird – um den Lesefluss nicht zu bremsen – bevorzugt in Fußnoten oder auch im Quellenverzeichnis angegeben.

Beispiel: Zitation eines Gerichtsurteils

Zuerst sehen Sie ein Formulierungsbeispiel bei Zitation im Text. Beachten Sie, dass die Fundstelle nur im Text angegeben wird und nicht in einer Fußnote wiederholt werden muss:

> … Das Landesarbeitsgericht München stellte fest, dass Arbeitnehmer keinen Anspruch auf Floskeln zu „guten Zukunftswünschen" im Arbeitszeugnis haben (Urteil vom 15.07.2021, AZ 3 Sa 188/21). …

Bei Zitation in der Fußnote gemäß erweitertem Kurzbeleg:

> … Das Landesarbeitsgericht München stellte fest, dass Arbeitnehmer keinen Anspruch auf Floskeln zu „guten Zukunftswünschen" im Arbeitszeugnis haben.[2] …

[2] s. LAG München, Urteil vom 15.07.2021, AZ 3 Sa 188/21.

Gerichtsentscheide werden üblicherweise nicht in das Quellenverzeichnis aufgenommen. Sollte die Art der Arbeit dies erforderlich machen, wird ein Block „Rechtsquellen und Rechtsprechung" gebildet. Einträge dort haben folgenden Aufbau:[75]

- Zuständiges Gericht in voller Nennung,
- Abkürzung des Gerichts, wie sie in Fußnoten bzw. im Text verwendet wurde,
- „Urteil vom" mit Datum,
- „AZ" mit Aktenzeichen.

Beispiel: Rechtsquelle im Quellenverzeichnis

Landesarbeitsgericht München (LAG München), Urteil vom 15.07.2021, AZ 3 Sa. 188/21.

10. Internetseite

Ist eine Internetseite als Quelle zitierwürdig, wird sie je nachdem, ob ein Autor auf der Seite selbst genannt ist oder nicht, auf verschiedene Arten zitiert:

---

[74] Zum DOI siehe Abschnitt C Kap. IV Nr. 5 in vorliegendem Buch.

[75] Ähnlich: Balzert/Schröder/Schäfer, Wissenschaftliches Arbeiten, 2015, S. 206 f.

Beispiel: Internetseite mit Autor

Im Quellenverzeichnis lautet die Angabe der Quelle:

Lobo, Sascha (Bargeldüberwachung [Online], 2016): Bargeld kann man nicht überwachen, Kolumne S.P.O.N. – Die Mensch-Maschine vom 03.02.2016, verfügbar unter: <http://www.spiegel.de/netzwelt/netzpolitik/sascha-lobo-bargeld-kann-man-nicht-ueberwachen-a-1075430.html>, Zugriff am: 26.04.2016.

Verwendung in einer Fußnote bei erweitertem Kurzzitat wie folgt:

Vgl. Lobo, Bargeldüberwachung [Online], 2016.

Fehlt die Angabe eines Autors, gibt es verschiedene Möglichkeiten, damit umzugehen: Manche Zitierstile und Ratgeber zum wissenschaftlichen Arbeiten empfehlen, den Titel der Webseite als Bezeichner der Quelle zu verwenden.[76] Hier wird einem anderen Ansatz gefolgt, wonach der Webseitenbetreiber als Herausgeber benannt wird.

Beispiel: Internetseite ohne Autor

Auf der Internetseite ist kein Autor genannt. Der Webseitenbetreiber wird als Herausgeber (Hrsg.) benannt:

Bundesministerium für Wirtschaft und Energie (Hrsg.) (Energieforschung [Online], 2016): Energieforschung weiter im Aufwind, Pressemitteilung vom 20.04.2016, verfügbar unter: <http://www.bmwi.de/DE/Presse/pressemitteilungen,did=763842.html>, Zugriff am: 26.04.2016.

Allgemeines Schema zur vollständigen Nennung im Quellenverzeichnis:

- „Name“, „Vorname“/„Herausgeber (Hrsg.)“ {+*Leerzeichen/Tabulator*}
- („Kurztitel“ [Online], „Jahr“):
- „Vollständiger Titel der Webseite“, {ggf. weitere Informationen zur Webseite,}
- verfügbar unter: <„URL“>, Zugriff am: „Datum“.

Typische Probleme und Lösungsansätze zu dieser Quelle:

- Was verwendet man als Titel der Webseite? Lösung: Verwenden Sie die Inhaltsüberschrift der Webseite und nicht den Titel, der im Browser-Tab angezeigt wird. Hintergrund: Einige Browser zeigen diese nicht mehr an, so dass ein Leser die Quelle evtl. nicht nachvollziehen kann.
- Welche weiteren Informationen zur Webseite können angegeben werden? Lösung: Sofern verfügbar, verbessern Informationen zur Veröffentlichung der Webseite deren Zitierfähigkeit, gegebenenfalls

[76] Vgl. Theisen, Wissenschaftliches Arbeiten, 2017, S. 231 f.

auch in Kombination mit Angaben zur Art der Webseite („Pressemitteilung vom …“).

11. Twitter

Der Kurznachrichtendienst Twitter wird für die Veröffentlichung von Informationen oder deren Diskussion genutzt. Als Wissensquelle werden 280-Zeichen-Nachrichten, so ist das aktuelle Limit einer Botschaft (sog. Tweet), regelmäßig nicht in Frage kommen – als Datenquelle für Meinungen, Interpretationen, Kommunikationsprozesse sowie dokumentierte Absichtserklärungen schon.

Beispiel: Twitter, zitieren eines Tweets

Es wird der ehemalige Präsident des ifo Instituts für Wirtschaftsforschung zitiert.

> Sinn, Hans-Werner (Griechenlandrettung [Online], 2016): Griechenland soll mit der Druckerpresse gerettet werden. Das ist der Grund fürs Festhalten am Euro, Twitternachricht gesendet als @HansWernerSinn am 04.03.2016, 06:20 Uhr, verfügbar unter: <https://twitter.com/HansWernerSinn/status/573125875287363584?lang=de>, Zugriff am: 19.04.2016.

Verwendung in einer Fußnote bei erweitertem Kurzzitat wie folgt:

> Vgl. Sinn, Griechenlandrettung [Online], 2016.

Prexl weist darauf hin, dass stets der konkrete Tweet und nicht das Benutzerprofil referenziert werden sollte.[77] Die in diesem Sinn korrekte URL enthält dann den Bestandteil „status/“, gefolgt von einer ID.

Allgemeines Schema zur vollständigen Nennung im Quellenverzeichnis:

- „Name“, „Vorname“/„Pseudonym“ {+*Leerzeichen/Tabulator*}
- („Kurztitel“ [Online], „Jahr“):
- „Vollständiger Tweet“,
- Twitternachricht gesendet als „Pseudonym“ am „Datum“, „Uhrzeit“ Uhr,
- verfügbar unter: <„URL“>, Zugriff am: „Datum“.

12. Video und YouTube

Die Videoplattform YouTube ist der bekannteste Vertreter eines Distributionsmodells, bei dem jeder über ein Nutzerkonto Videos und

[77] Vgl. Prexl, Digitale Quellen, 2015, S. 146.

Medienmitschnitte hochladen und zumeist anonymen Zuschauern kostenfrei, orts- und zeitunabhängig zur Verfügung stellen kann. Die Betrachter können Videos bewerten und kommentieren.

YouTube ist zunächst keine wissenschaftliche Quelle im engeren Sinn: Vor Verwendung eines YouTube-Clips als Quelle sollte daher stets geprüft werden, ob das Video einen Mehrwert für das Erkenntnisinteresse der wissenschaftlichen Arbeit darstellt. Ein Video, das zum Beispiel „die zehn wichtigsten Projektmanagement-Begriffe" erklärt, mag unterhaltsam sein, geht aber in seinem eigentlichen Gehalt nicht über ein passendes Fachbuch hinaus. Die Zitierwürdigkeit ist anzuzweifeln.

In diesen Fällen ist die Verwendung von YouTube-Videos plausibel:

- Kommunikationsdesign/Mediendesign/Grafikdesign: Firmen nutzen YouTube als zusätzlichen Werbekanal. Sie laden ihre Werbebotschaften auf die Plattform hoch. Wissenschaftliche Arbeiten, die z. B. Werbekampagnen analysieren oder vergleichen, setzen diese Datenquelle sinnvoll ein.
- Soziologische Aspekte: YouTube-Videos können als Untersuchungsmaterial im Sinne einer offenen, nicht-teilnehmenden Beobachtung die Datengrundlage einer qualitativen, explorativen Analyse bilden.

YouTube veröffentlicht die Videos immer mit folgenden Daten: Name des Benutzerkontos (der natürlich auch dem Realnamen des Autors entsprechen kann), Datum des Uploads sowie einer eindeutigen URL. Damit lässt sich das Video ausreichend gut beschreiben, so dass eine spätere erneute Auffindbarkeit gewährleistet ist.

Beispiel: YouTube

Es wird ein Personalimage-Werbevideo des BMWi zitiert:

> Bundesministerium für Wirtschaft und Energie (Hrsg.) (Ausbildung [Online], 2014): Ausbildung zum bzw. zur Verwaltungsfachangestellten im Bundesministerium für Wirtschaft und Energie, YouTube-Video, veröffentlicht am 02.09.2014, verfügbar unter: <https://youtube.com/watch?v=ami15PzDKfg>, Zugriff am: 30.01.2015.

Verwendung in einer Fußnote bei erweitertem Kurzzitat wie folgt:

> Vgl. Bundesministerium für Wirtschaft und Energie (Hrsg.), Ausbildung [Online], 2014, 01:05 Min.

Allgemeines Schema zur vollständigen Nennung im Quellenverzeichnis:

- „Name", „Vorname"/„Pseudonym" {+*Leerzeichen/Tabulator*}
- („Kurztitel" [Online], „Jahr"):

- „Titel des Videos“,
- {ggf. ergänzende Informationen zur Quelle,}
- verfügbar unter: <„URL“>, Zugriff am: „Datum“.

Typische Probleme und Lösungsansätze zu dieser Quelle:

- In welchen Fällen kann als Bezeichner [Online] bzw. [Media] verwendet werden? Lösung: [Online] wird empfohlen, sobald die eigentliche Datei über eine Webseite abgerufen wird (Streaming). [Media], wenn die Datei selbst mit ihrer URL referenziert wird.[78]
- Lässt sich eine bestimmte Stelle im Video referenzieren? Lösung: Die URL kann erweitert werden, so sie per Zeitangabe direkt auf die interessante Stelle verweist: Eine Ergänzung der URL in der Form **„#t=1m05s“** springt unmittelbar zur Stelle 1:05 Min. Die vollständige URL lautet nun: <https://youtube.com/watch?v=ami15PzDKfg**#t=1m05s**>.

13. Zeitschriftenartikel

Viele Zeitschriften bzw. Journals sind für Studierende über die Bibliotheken bzw. das Campus-Netz der Hochschule digital verfügbar. Damit erschließt sich ein enormer Schatz an Wissens- und Datenquellen. Für Wirtschaftswissenschaftler sind z. B. folgende Ressourcen relevant:

- GBI-Genios bietet mit der wiso-Datenbank[79] einen umfangreichen Fundus wissenschaftlicher und studienbezogener Inhalte. Nach eigenem Bekunden des Anbieters können in den wirtschafts- und sozialwissenschaftlichen Datenbanken unter anderem über 8 Mio. Volltexte aus rund 450 Fachzeitschriften abgerufen werden.[80]
- EBSCOhost[81] bietet umfassende Datenbanken mit wissenschaftlichen Volltexten aus US-amerikanischen Journals und weiteren Fachpublikationen. Alleine die wirtschaftswissenschaftliche „Business Source Complete“ enthält Anfang 2016 eine Sammlung von 3.821 Journals und Zeitschriften, davon sind 1.983 durch ein sog. Peer-Review qualitätsgesichert und gelten damit wissenschaftlich als besonders qualitativ.[82]

---

[78] *Bleuel* verwendet alternativ den Bezeichner „[Video]“, vgl. Bleuel, Online publizieren [Online], 2000, Kap. 3.7.3.5.

[79] Online verfügbar unter: <https://www.wiso-net.de>.

[80] Vgl. GBI-Genios Deutsche Wirtschaftsdatenbank GmbH (Hrsg.), Über wiso [Online], 2015.

[81] Online verfügbar unter: <https://www.ebscohost.com/>.

[82] Vgl. EBSCO Industries, Inc. (Hrsg.), Business Source Complete [Online], 2016.

In vielen Fällen ist das Zitieren eines Online-Journals unproblematisch. Dies ist dann der Fall, wenn es sich bei dem Beitrag um den gescannten Originaldruck aus dem Journal handelt. Besonders bei „modernen Klassikern" trifft man diese Art häufig an. So, wie auch beim Journal-Beitrag von C.K. Prahalad und Gary Hamel. Der Aufsatz kann via EBSCO als PDF bezogen werden.

Beispiel: Journal zitieren

Es wird ein Aufsatz aus der amerikanischen Harvard Business Review zitiert:

> Prahalad, C.K./Hamel, Gary (Core Competence, 1990): The Core Competence of the Corporation, in: Harvard Business Review, 68. Jahrgang, Heft 3, Mai/Juni 1990, S. 79–91.

Verwendung in einer Fußnote bei erweitertem Kurzzitat wie folgt:

> Vgl. Prahalad/Hamel, Core Competence, 1990, S. 81.

Die genannte wiso-Datenbank bietet ebenfalls viele Beiträge als PDF an. Online- und Druckausgabe sind dabei identisch, so dass wie bei einer Printquelle zitiert werden kann. Andere Autoren weisen demgegenüber darauf hin, dass Inhaltsgleichheit nicht zwingend angenommen werden darf und legen daher fest, dass die Art des Quellenzugangs angegeben werden muss.[83]

Dies ist zweifelsohne richtig, wie folgender Fall einer Quelle aus der Fachzeitschrift „DER BETRIEB" verdeutlicht: Die Fachzeitschrift ist über die wiso-Datenbank zugänglich, allerdings werden die Beiträge nicht als PDF, sondern nur als langer, unformatierter Text dargestellt. Abbildungen und Tabellen fehlen oftmals oder sind am Ende des Beitrages dargestellt.

Beispiel: Fachzeitschriftenbeitrag ohne PDF zitieren

Es wird ein Aufsatz aus „DER BETRIEB" zitiert:

> Kowallik, Andreas (Kontrollsystem [Online], 2015): Das interne Kontrollsystem für Steuern – Status Quo sowie neue Entwicklungen, in: DER BETRIEB, Heft 48, 2015, S. 2774–2779, verfügbar unter: <https://www.wiso-net.de/document/MCDB__DBDBDB1165585>, Zugriff am: 05.01.2016.

Verwendung in einer Fußnote bei erweitertem Kurzzitat wie folgt:

> Vgl. Kowallik, Kontrollsystem [Online], 2015, Gliederungspunkt II.1.

In Datenbanken werden oftmals permanente URLs für die Beiträge genannt, die unabhängig vom Vorliegen eines Usernamens/Passwortes den Beitrag beschreiben.

[83] Vgl. Prexl, Digitale Quellen, 2015, S. 134.

Allgemeines Schema zur vollständigen Nennung im Quellenverzeichnis:

- „Name“, „Vorname“ {+*Leerzeichen/Tabulator*}
- („Kurztitel“, „Jahr“): / („Kurztitel“ [Online], „Jahr“):
- „Titel des Aufsatzes“,
- in: „Zeitschrift/Journal“, {„Jahrgang“,} {„Heft“,} {„Monat“,} „Jahr“,
- S. „von“–„bis“,
- {verfügbar unter: <„URL“>, Zugriff am: „Datum“.} / {<doi: „DOI“>.}

Typische Probleme und Lösungsansätze zu dieser Quelle:

- Von einem Zeitschriftenartikel kann kostenfrei nur der Abstract eingesehen werden und ein Zugang zur Datenbank liegt nicht vor. Wie zitiere ich den Abstract? Lösung: Zitierfähig ist der Abstract wie eine Internetseite und sollte technisch auch so behandelt werden. Zitierwürdigkeit ist für einen Abstract alleine allerdings kaum gegeben. Sie sollten daher in der Bibliothek die Zeitschrift einsehen und ggf. kopieren.

V. Praktische Tipps für die Arbeit mit elektronischen Quellen

Die folgenden Ausführungen geben Ihnen praktische Tipps, wie Sie elektronische Quellen archivieren können und erläutern, warum Sie auf Kurz-URL-Dienste, die auch als „URL-Shortener“ bezeichnet werden, verzichten sollten.

1. Archivierung der Quellen

Elektronische Quellen können sich schnell verändern oder gelöscht werden. Daher ist es zur Sicherung der Quelle erforderlich, die Inhalte in der Fassung zu archivieren, die Sie für Ihre wissenschaftliche Arbeit genutzt haben. Bei firmeninternen Quellen kann von Ihnen zusätzlich verlangt werden, dass Sie interne Quellen im Anhang der Arbeit einbinden und mit der Arbeit einreichen.

Je nach Medienart sind verschiedene Archivierungsformen denkbar:

- Statische, textliche Inhalte können als „Hardcopy“ auf Papier ausgedruckt oder
- elektronisch in einem Dateiformat archiviert werden, welches die spätere originalgetreue Wiedergabe sicherstellt.

- Multimediale Inhalte (Video-, Audio-Stream oder -Datei) lassen sich entweder direkt speichern oder mit Hilfsprogrammen herunterladen. Urheberrechtliche Regelungen sind dabei stets zu beachten, d.h. es darf insbesondere ein eventueller Kopierschutz nicht umgangen werden.

Für die Erstellung von PDF-Dateien sollen hier zwei kostenfreie Werkzeuge vorgestellt werden:

- *FreePDF* ist ein Programm, das als Druckertreiber unter Windows-Betriebssystemen fungiert. Wann immer ein Anwendungsprogramm (Textverarbeitung, Browser etc.) die Option zum Ausdruck bietet, kann dieser auf den *FreePDF*-Druckertreiber umgeleitet und im PDF-Format in eine Datei geschrieben werden.[84]
- *PDFSAM* ist ein Dienstprogramm, das Ihnen die Arbeit mit PDFs erleichtert. Der Name steht für „PDF: Split and Merge". Das Programm erlaubt die Trennung, Zusammenführung, Sortierung und Verschachtelung von PDF-Dateien über eine einfache, grafische Oberfläche. Das Programm ist schnell und macht, was es soll. [85]

Die genannten Werkzeuge sind sehr hilfreich, um Inhalte aus dem Internet oder aus den später zu erläuternden internen Quellen zu sichern und aufzubereiten. Selbstverständlich können auch funktionsgleiche Alternativen anderer Anbieter verwendet werden.

2. Verzicht auf „URL-Shortener"

Lange URLs stellen beim Zitieren eine Herausforderung dar, was Fehlerfreiheit, Formatierung und Zeilenumbrüche betrifft. Dies gilt insbesondere, wenn die Zitation im Stil des Vollbelegs erfolgt, da dann bei jedem Verweis auf die Onlinequelle deren vollständige URL anzugeben ist. Der Wunsch nach „prägnanteren" URLs ist verständlich.

Sogenannte „**URL-Shortener**" bieten eine Lösung für prägnante Internetadressen an, indem sie zur Originaladresse eine zweite, oft aus nur der Domain des Dienstes sowie sechs bis acht Zeichen (dem sog. Hash oder Key) bestehende Alias-Adresse als **Kurz-URL**, z. B. http://bit.ly/1SbhB4P, generieren. Diese Kurz-URL wird in einer Datenbank zusammen mit der vollständigen URL gespeichert. Ruft man die Kurz-URL auf, „übersetzt" ein **Resolver** diese in die **vollständige URL** und führt eine automatische Weiterleitung (http-Redirect) zur Originaladresse aus.

---

[84] FreePDF: Online verfügbar unter: <http://freepdfxp.de/freepdf_de.html>. Das Programm setzt die vorherige Installation des ebenfalls kostenfreien Ghostscript-Programmes voraus. Dieses ist auf der Webseite von FreePDF verlinkt.

[85] PDFSAM: Online verfügbar unter: <http://www.pdfsam.org/>.

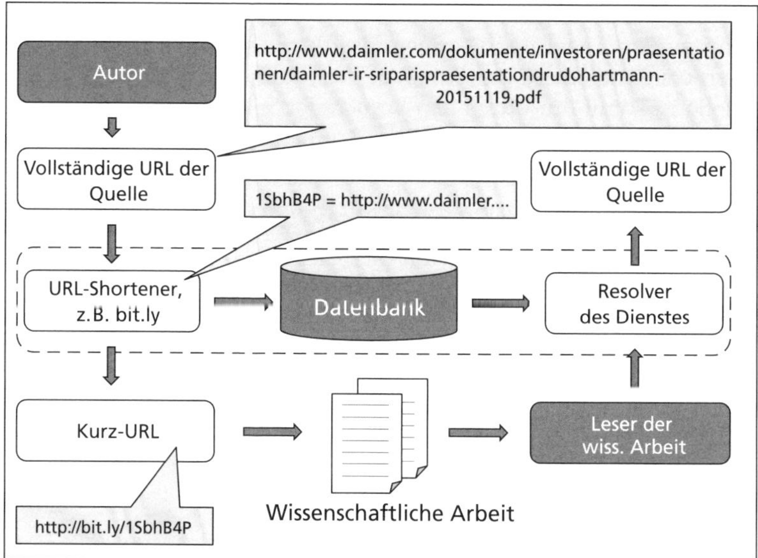

Abbildung 1: Funktionsweise von URL-Shortener

Es gibt inzwischen eine Reihe von Kurz-URL-Anbietern. Zu den bekanntesten offenen Anbietern gehören der bereits erwähnte Dienst „bit.ly" sowie „goo.gl" und „tinyurl.com".

Der **Einsatz von URL-Shortener** für wissenschaftliche Arbeiten ist **nicht statthaft**, da weder eine dauerhafte Verfügbarkeit der URL-Shortener-Domain noch ein dauerhafter Betrieb der Services gewährleistet werden kann. „Bit.ly" beispielsweise bietet seinen Dienst unter der Top-Level-Domain von Libyen an.[86] Eine zukünftige Verfügbarkeit der verkürzten URL kann nicht gewährleistet werden. URL-Shortener werden privatwirtschaftlich angeboten. Der Markt ist umkämpft, es gibt aktuell über 300 Anbieter.[87] Durch Übernahmen, Insolvenzen oder einfach fehlendes Engagement der Betreiber können solche Dienste die Geschäftstätigkeit kurzfristig einstellen.

Fällt die technische Übersetzungsleistung des Betreibers, in obiger Abbildung durch eine gestrichelte Linie umrandet, aus oder wird wie oben geschildert eingestellt, kann der in der wissenschaftlichen Arbeit geführte Beleg nicht mehr abgerufen werden.

86 „Bit.ly" bietet seinen Dienst auch unter den Domains <http://bitly.com> sowie <http://j.mp> an, um die Abhängigkeit von der lybischen Domain zu vermindern. Auch wenn Bitly als Unternehmen damit unabhängiger geworden ist, wäre bei Wegfall der bit.ly-Domain jede darauf basierende Zitation nicht mehr auflösbar.

87 Vgl. Longurl.org (Hrsg.), URL Shortening Services [Online], 2016.

Als inhaltliche Argumente gegen die Verwendung dieser Dienste kann zudem angeführt werden, dass der Leser nicht weiß, welche Internetseite als Beleg zitiert wird. Eine qualitative Einschätzung der Quelle ist somit nur durch den Besuch der Seite möglich. Zudem ist die Unterscheidung der Kurz-URLs deutlich erschwert.

Tipp: Verwendung erweiterter Kurzbeleg

Bei Verwendung des erweiterten Kurzbelegs wird die vollständige URL nur im Literatur- und Quellenverzeichnis einmal angegeben. Im Textteil der wissenschaftlichen Arbeit wird die Onlinequelle durch Autor bzw. Herausgeber und den Titel identifiziert. URL-Shortener haben in diesem Fall nur noch einen minimalen Nutzen und sind entbehrlich.

E. Zitieren von öffentlich zugänglichen Firmenquellen

Öffentlich zugängliche Firmenquellen können sowohl in klassischer Printfassung (Geschäftsberichte, Broschüren, Produktdatenblätter etc.) als auch in Form der bereits behandelten Internetquellen sowie elektronischer Quellen vorliegen (Firmenwebseite, Image-Videoclip etc.). Für wissenschaftliche Arbeiten mit Praxisbezug stellen sie wichtige Datenquellen und eine Fundgrube für Belege dar.

Öffentlich zugängliche Firmenquellen sind grundsätzlich zitierbar. Die Tatsache, dass hier ein Unternehmen als Datenquelle im Zentrum steht, führt zu einigen Besonderheiten, die zunächst besprochen werden sollen, um dann Qualitätskriterien sowie konkrete Vorgehensweisen für den Umgang mit öffentlich zugänglichen Firmenquellen abzuleiten.[88]

I. Besonderheiten öffentlich zugänglicher Firmenquellen

Informationen, die ein Unternehmen über sich oder seine Produkte bzw. Dienstleistungen in Umlauf bringt, sind aus mehreren Gründen anders zu betrachten und zu handhaben als wissenschaftliche oder sonstige öffentlich verfügbare Quellen. Zu den Besonderheiten gehören:

- Firmenmaterialien werden üblicherweise unter dem Firmennamen und nicht unter dem Namen des eigentlichen Autors veröffentlicht.
- Firmenmaterialien werden vom Unternehmen selbst, also ohne Verlage, veröffentlicht.
- Die Veröffentlichungen sind Teil einer gesteuerten Kommunikation und verfolgen eine Absicht: Firmenveröffentlichungen geschehen nicht zufällig, sie sind bewusste Akte.
- Firmenveröffentlichungen bedienen sich oftmals eines werblichen, unkritischen Sprachstils.
- Firmenveröffentlichungen dienen dem Unternehmen und seinen Zielen, nicht der Wissenschaft.

[88] Wenn hier von „Firmenquellen" die Rede ist, sind damit auch Veröffentlichungen von inhabergeführten Unternehmen und Organisationen (Behörden, Vereine, Kirchen etc.) gemeint.

Von den bislang behandelten Quellen unterscheiden sich öffentlich zugängliche Firmenquellen zunächst einmal dadurch, dass jetzt eine Organisation als technischer Urheber der Quelle auftritt. Dies lässt sich an einem Geschäftsbericht verdeutlichen: Zwar haben einzelne Mitarbeiter aus dem Unternehmen an diesem gearbeitet, seine Zahlen zusammengetragen und die begleitenden Texte formuliert, jedoch nennt der Geschäftsbericht selbst keinen der eigentlichen Autoren. Das Unternehmen als Letzturheber an sich steht statt des eigentlichen Autors im Vordergrund.

Firmenmaterialien wie beispielsweise Prospekte, Flyer, Webseiten etc. werden vom Unternehmen selbst veröffentlicht. Daher gibt es manche der klassisch gebrauchten bibliografischen Angaben zur Quelle (Verlag, Veröffentlichungsort) nicht oder sie werden nicht explizit genannt.

Man sollte sich dessen bewusst sein, dass die Unternehmensveröffentlichungen mit bestimmten Absichten erstellt wurden. Folgende Beispiele verdeutlichen dies:

- Der Geschäftsbericht soll den Anforderungen der Gesetzgebung und dem Informationsbedürfnis der Eigentümer sowie eventuell weiterer Gruppen genügen.
- Produktdatenblätter und Prospekte sollen Produkte oder Dienstleistungen werblich in möglichst günstigem Licht erscheinen lassen.

Die von der Wissenschaft erwartete objektive Darstellung der Sachverhalte wird man bei Firmenquellen nicht finden. Selbst in Bereichen, die gesetzlich reguliert sind – wie das externe Rechnungswesen und die Inhalte des Jahresabschlusses – finden sich vom Gesetzgeber bewusst zugelassene Gestaltungs- und Wahlrechte hinsichtlich von Wertansätzen etc. Die Nutzung bilanzpolitischer Instrumente führt dazu, dass de facto auch die vermeintlich objektiven Zahlen eines Rechenwerkes immer unter dem Vorbehalt zu sehen sind, dass sie ein vom Unternehmen gewünschtes Abbild der tatsächlichen Verhältnisse sind. Ein kritischer Umgang mit Firmenquellen und ihren Inhalten ist daher stets erforderlich.

Veröffentlichungen können für ein Unternehmen Rechtsfolgen nach sich ziehen. Wird beispielsweise in einem Produktdatenblatt eine bestimmte Eigenschaft des Produktes zugesichert, kann ein Kunde sich später bei Fehlen der Eigenschaft auf die Veröffentlichung berufen. Es ist daher plausibel, dass bei Firmenquellen vor deren Veröffentlichung eine „interne Qualitätssicherung" stattgefunden hat.

Zudem ist ein Unternehmen nicht an der Einhaltung wissenschaftlicher Standards interessiert, sondern an der Umsetzung seiner Sachziele (z. B. Produktion) und seiner Formalziele (z. B. Gewinnerzielung). Seine Veröffentlichungen, auch wenn sie scheinbar wissensvermittelnden Charakter haben, können nie als Ersatz für wissenschaftliche Quellen oder als Beleg für wissenschaftliche Zusammenhänge verwendet werden.

Grundsatz
Öffentlich zugängliche Firmenquellen sind grundsätzlich zitierfähig. Wegen ihrer Besonderheiten sind sie nur als Datenquellen, nie als Wissensquellen einer wissenschaftlichen Arbeit zu verwenden.

II. Qualitätskriterien öffentlicher Firmenquellen

Zu Beginn dieses Kapitels wurde bereits die grundsätzliche Zitierfähigkeit von öffentlich zugänglichen Firmenquellen bestätigt. Dennoch kann nicht alles, was in irgendeiner Weise von einem Unternehmen gedruckt wurde oder Bezug auf dieses nimmt, als zitierfähig oder gar zitierwürdig gelten.

Als Qualitätskriterien für die **Zitierfähigkeit** der Quellen gelten:

- Es ist klar und eindeutig erkennbar, dass es sich um eine **Publikation des Unternehmens** handelt. Dies ist beispielsweise der Fall bei regulärer Veröffentlichung auf der Firmenwebseite, bei Copyright-Reservierung für das Unternehmen (©), Nennung des Unternehmens in der Art eines Herausgebers oder bei Nennung der Unternehmensanschrift als einziger Kontaktadresse. Auch die Verwendung des Logos auf dem Deckblatt ist ein Indiz.
- Im Fall von **Print-Publikationen** ist ein **Ort ermittelbar**. Bei Unternehmen mit mehreren Standorten oder sogar multinationaler Geschäftstätigkeit ist es relevant, die Publikation einem Standort oder einer Landesgesellschaft zuordnen zu können.
- Die Publikation ist mit einem **Datum** gekennzeichnet (Aktualität) oder verfügt über eine **spezifische Bestellnummer** (z.B. bei Produktdatenblättern), so dass der Stand der zitierten Informationen nachvollzogen werden kann.
- Die **Quelle muss** Ihnen **vorliegen** und von Ihnen **archivierbar sein**.

Die **Zitierwürdigkeit** einer **öffentlich zugänglichen Firmenquelle** nimmt mit der Ausprägung der folgenden Kriterien zu:

- Die Inhalte der Quelle sind technischer Natur und werden ingenieursmäßig beschrieben. Auf werbliche Übertreibung wird verzichtet.
- Die Inhalte unterliegen gesetzlicher Regulierung, wie es zum Beispiel bei Jahresabschlüssen oder Ad-Hoc-Meldungen der Fall ist.

- Die veröffentlichte Information hat einen Freigabeprozess durchlaufen. Davon ist beispielsweise auszugehen, wenn das Unternehmen börsennotiert ist.

Unzulässig im Sinne der genannten Qualitätskriterien sind damit beispielhaft die **folgenden Quellen**:

- Ein Händler druckt einen Prospekt, in dem er das Produkt eines Herstellers bewirbt. Auch wenn die Angaben zum Produkt sauber recherchiert wirken, kann nicht der Hersteller als Urheber der Produktinformationen deklariert werden. Dies wäre falsch, da es sich im Prinzip um ein wissenschaftlich verpöntes Rezitat handeln würde.
- Ein Blog befasst sich mit einer Firma oder deren Produkten. Selbst wenn hier regelmäßig „Insiderinformationen" auftauchen, können diese nicht als „von der Firma stammend" deklariert werden. Es bleiben Nachrichten in einem Blog.
- In einem Internetforum behauptet ein User, Mitarbeiter des Unternehmens zu sein und „plaudert aus dem Nähkästchen". Da nicht nachprüfbar ist, ob der Autor dem Unternehmen angehört, kann die Quelle zwar als Internetposting, nicht aber als Firmeninformation verwendet werden.

III. Zitierfähigkeit und Zitierwürdigkeit öffentlicher Firmenquellen verbessern

Die **Zitierfähigkeit** dieser Quellenarten lässt sich verbessern, indem alle zur Verfügung stehenden Angaben zum Dokument recherchiert und einheitlich genutzt werden.

Trotz genauer Sichtung wird in den wenigsten Fällen bei öffentlich zugänglichen Firmenquellen der tatsächliche Autor genannt. In der öffentlichen Kommunikation wendet sich „das" Unternehmen an „die" Öffentlichkeit oder an einen bestimmten Teil davon (Zielgruppe). Der konkrete Urheber einer Botschaft, also z. B. der Autor eines Produktdatenblattes oder einer Broschüre, wird nicht genannt. Die Person tritt als Mitarbeiter hinter dem Unternehmen zurück, der Unternehmens- oder Firmenname steht gewollt zum Zwecke der Markenbildung im Vordergrund.

Es erscheint schlüssig, hier das **Unternehmen als Urheber** der Quelle zu **nennen** und dem Umstand, dass ungenannte Mitarbeiter die Quelle i. e. S. erstellt haben, mit dem Kürzel „**Hrsg.**" Rechnung zu tragen.[89]

[89] So auch: Balzert/Schröder/Schäfer, Wissenschaftliches Arbeiten, 2015, S. 209.

Beispiel

Ein Produktdatenblatt der „Beispiel GmbH" trägt keine Angaben zu der Person, die das Dokument quasi als Autor erstellt hat. Auf dem Produktdatenblatt prangt nur das Logo des Unternehmens und es wird die Firmenanschrift angegeben. Das ist gewollt: In der öffentlichen Kommunikation soll die Marke des Unternehmens oder des Produktes – und nicht der Name eines Mitarbeiters – transportiert werden. In diesem Fall gibt man an:

Beispiel GmbH (Hrsg.), ...

Davon sollte nur abgewichen werden, wenn sich eine Person als Urheber/Autor der Quelle identifizieren lässt und diese nicht nur als „Sprachrohr des Unternehmens" fungiert. Beispielsweise sind Reden von Firmenvertretern sowie Präsentationsfoliensätze oftmals einer konkreten Person zuordenbar. Steht die vortragende Person mit ihren Ansichten im Vordergrund, kann auch diese als Autor genannt werden.

Firmenpublikationen verwenden **Dokumentenbezeichner**, um Dokumente eindeutig zu kennzeichnen. So nennen Broschüren, Prospekte, Datenblätter und Kataloge oftmals eine firmenspezifische Bestellnummer oder einen Dokumentencode. Suchen Sie nach diesem Dokumentenbezeichner. Er identifiziert diese Quelle innerhalb des Unternehmens eindeutig.

Achten Sie darauf, ob ein **Datum** oder ein **Gültigkeitszeitraum** (Preislisten: Gültig ab ...; Angebote: Gültig bis ...) in der Quelle genannt werden. Daraus lässt sich die Aktualität ersehen und ggf. das **Veröffentlichungsjahr** bestimmen.

Bei Print-Publikationen sollte auch ein **Ort** angegeben werden. Sofern die Quelle diesen nicht explizit nennt, ist eventuell eine eindeutige **Kontaktadresse** eingedruckt. Diese kann als Ort verwendet werden. Sofern kein Ort angeben ist, kann als solcher der **Firmensitz** verwendet werden – unter der Bedingung, dass das Unternehmen ausschließlich Betriebsstätten an diesem Ort hat. Sobald das Unternehmen mehrere Standorte hat und die genaue Ortsangabe aus der Quelle nicht ersichtlich ist, muss dies als **„o.O." (ohne Ort)** kenntlich gemacht werden.

Prüfen Sie auch die **Umgebung**, in der Sie eine Quelle gefunden haben: Wenn eine Präsentation nicht den Namen des Referenten nennt, so ist dieser eventuell auf der Webseite der Unternehmenskommunikation angegeben. Sofern zwischen dem Namen des Referenten und der Präsentation durch einen Link eine feste Zuordnung gegeben ist, können Sie die Informationen kombinieren.

Auch wenn die **Quelle** öffentlich zugänglich ist, sollten Sie diese **archivieren**. Für Print-Publikationen von Unternehmen gibt es zum Beispiel keine zentrale Einrichtung wie die Deutsche Nationalbibliothek, die Belegexemplare archiviert. Online-Publikationen können sich ändern oder gelöscht werden. Mit der Archivierung sind Sie auf der sicheren Seite, sollte der Gutachter Ihrer wissenschaftlichen Arbeit die Quelle einsehen wollen.

Die **Zitierwürdigkeit** der Quelle wird erhöht, wenn die Quelle den Ansprüchen an eine möglichst **objektive Formulierung ohne werbliche Übertreibung** genügt.

Bei Quellen, die auf Personen zurückgeführt werden können (wie es bei Reden und Präsentationen der Fall ist), sollte zudem die **Funktion bzw. Position** der Person genannt werden. Da die Funktion/Position eine weitaus größere Bedeutung bei den internen Firmenquellen erlangt, werden sie dort ausführlich erläutert.[90]

IV. Konkrete Zitiervorgaben nach Werks-/Medienart

1. Broschüren

Broschüren sind mehrseitige, meist mit Metallklammern geheftete Druckerzeugnisse ohne besonderen Einband. Sie können auch elektronisch als PDF vorliegen. Ihr Umfang liegt bei maximal 48 Seiten. Der Begriff der Broschüre ist ein Fachbegriff aus der Druckereibranche und bezieht sich in seiner ursprünglichen Bedeutung nur auf die technischen Produktionsmerkmale dieser Publikationsform und nicht auf ihren Inhalt.

Zur Abgrenzung von den auch in diesem Kapitel behandelten Prospekten und Produktkatalogen sollen ergänzend auch inhaltliche Kriterien herangezogen werden: **Thematisch** behandeln Broschüren **Informationen zum Unternehmen** und seinen **Leistungen und Produkten**. Die Informationen sind **zeitlich längerfristig gültig**. Dies umfasst beispielsweise:

- Imagebroschüren zum Unternehmen,
- Informationsbroschüren zu Methoden und Prozessen des Unternehmens,
- Gebrauchsanweisungen.

---

[90] Vgl. Kapitel F.

Beispiel: Broschüre

Es wird eine Broschüre der Festo AG zitiert.[87] Darin werden Funktions- und Lebensdauertests beschrieben, die der Hersteller zur Qualitätssicherung für seine Produkte durchführt. In der Fußnote lautet der erweiterte Kurzbeleg wie folgt:

> Vgl. Festo AG & Co. KG (Hrsg.), Produktlebensdauer, 2013, S. 8.

Im Quellenverzeichnis erfolgt die vollständige Nennung der Quelle:

> Festo AG & Co. KG (Hrsg.) (Produktlebensdauer, 2013): Produktlebensdauer bei Festo, Dokument-ID 135501de 2013/08, o.O., 2013.

Allgemeines Schema zur vollständigen Nennung im Quellenverzeichnis:

- „Firma oder Organisationsname" (Hrsg.) {+*Leerzeichen/Tabulator*}
- („Kurztitel", „Jahr"):
- „Vollständiger Titel der Broschüre",
- {*Dokumentbezeichner,*}
- Ort,
- Jahr.

Typische Probleme und Lösungsansätze zu dieser Quelle:

- Wie geht man mit Fällen um, in denen der Ort nicht genannt wird? Lösung: Sofern das Unternehmen nur einen Firmensitz hat, kann dieser angegeben werden. In allen anderen Fällen wird mit „o.O." („ohne Ort") anstelle des Ortes gearbeitet.

2. *Firmenwebseiten*

Firmenwebseiten sind als Informationsquelle zu behandeln wie andere Internetseiten auch.[92] Einziger Unterschied ist, dass nun das Unternehmen als Herausgeber genannt wird:

Beispiel: Firmenwebseite

In der Fußnote lautet der erweiterte Kurzbeleg wie folgt:

> Vgl. Henkel AG & Co, KgaA (Hrsg.), Unternehmenskultur [Online], 2016.

[91] Die beschriebene Broschüre finden Sie als PDF auch im Internet unter der Adresse: <https://www.festo.com/net/SupportPortal/Files/293238/Produktlebensdauer_bei_Festo_135501_DE_08_2013.pdf>, Zugriff am: 07.04.2016.

[92] Siehe Kapitel D.

Im Quellenverzeichnis erfolgt die vollständige Nennung der Quelle:

Henkel AG & Co, KgaA (Hrsg.) (Unternehmenskultur [Online], 2016): Unternehmenskultur – „Excellence is our Passion" vereint alle Mitarbeiter bei Henkel. Im Internet verfügbar unter: <http://www.henkel.de/unternehmen/unternehmenskultur>, Zugriff am: 09.04.2016.

Allgemeines Schema zur vollständigen Nennung im Quellenverzeichnis:

- „Firma oder Organisationsname" (Hrsg.) {+*Leerzeichen/Tabulator*}
- („Kurztitel" [Online], „Jahr"):
- „Vollständiger Titel der Webseite".
- Im Internet verfügbar unter: <„URL">, Zugriff am: „Datum".

3. Geschäftsberichte, Jahres- und Konzernabschlüsse

Geschäftsberichte, **Jahres-** und **Konzernabschlüsse** informieren die Öffentlichkeit und weitere Anspruchsgruppen (Investor Relations) über die Geschäftstätigkeiten und Ergebnisse des vergangenen Geschäftsjahres.

Geschäftsberichte sind **freiwillige Veröffentlichungen** des Unternehmens. Sie können, müssen aber nicht vollständige Angaben zum Jahresabschluss machen. Ergänzend enthalten sie freiwillige Informationen zum Unternehmen und richten sich damit meist an den Kapitalmarkt.

Beispiel: Geschäftsbericht

Der Geschäftsbericht 2015 der HeidelbergCement AG soll zitiert werden.[89] In der Fußnote wird mittels erweitertem Kurzbeleg wie folgt Bezug genommen:

Vgl. HeidelbergCement AG (Hrsg.), Geschäftsbericht, 2015, S. 97.

Die vollständige Nennung der Quelle im Quellenverzeichnis lautet:

HeidelbergCement AG (Hrsg.) (Geschäftsbericht, 2015): Wachstum in Metropolen – Geschäftsbericht 2015, Heidelberg, 2015.

Für die Erfüllung der **gesetzlichen Vorschriften** maßgeblich ist der **Jahresabschluss**. Nach § 242 HGB besteht dieser aus Bilanz sowie Gewinn- und Verlustrechnung. Bei Kapitalgesellschaften sind gemäß § 264 HGB zusätzlich Anhang und Lagebericht zu erstellen.

[93] Den Geschäftsbericht finden Sie als PDF im Internet unter der Adresse: <http://www.heidelbergcement.com/de/system/files_force/assets/document/78/f0/geschaeftsbericht_2015.pdf>, Zugriff am: 09.04.2015.

Soll speziell der **Jahresabschluss** zitiert werden, sind in obigem Beispiel der Kurztitel und der vollständige Titel entsprechend anzupassen. Dies gilt sinngemäß, wenn ein **Konzernabschluss** zitiert werden soll. Der Aufbau des Kurzbelegs und die Nennung der Quelle bleiben systematisch unverändert.

Allgemeines Schema zur vollständigen Nennung im Quellenverzeichnis:

- „Firma oder Organisationsname" (Hrsg.) {+*Leerzeichen/Tabulator*}
- („Kurztitel", „Jahr"):
- „Vollständiger Titel des Geschäftsberichts",
- Ort,
- Jahr.

Typische Probleme und Lösungsansätze zu dieser Quelle:

- Muss zu Geschäftsbericht, Jahres- oder Konzernabschluss eine Auflage angegeben werden? Lösung: Nein. Je Jahr gibt es diese Dokumente nur einmal. Sollte wegen festgestellter Fehler tatsächlich eine überarbeitete, „zweite Auflage" erforderlich sein, so wird dies im Titel der Quelle ausgedrückt, z. B. „Korrigierter Konzernabschluss".
- Im Geschäftsbericht ist eine Bestellnummer angegeben. Soll diese im Quellenverzeichnis mit der Quelle genannt werden? Lösung: Im Sinne einer möglichst genauen Spezifikation jeder Quelle sollte diese zusätzliche Angabe genutzt werden. Verfahren Sie wie bei anderen Dokument-IDs und geben Sie den {*Dokumentbezeichner,*} nach dem vollständigen Titel und vor dem Ort an.
- Im Geschäftsbericht wird als „Koordinationsstelle" ein konkreter Mitarbeiter genannt. Sollte dieser als Autor der Quelle genannt werden? Lösung: Nein. Zum einen hat die Koordinationsstelle den Geschäftsbericht nicht geschrieben, zum anderen steht das Unternehmen als juristische Person im Vordergrund.

4. Präsentationsfoliensatz (Powerpoint)

Präsentationen werden klassischerweise genutzt, um mündliche Vorträge durch eine begleitende Visualisierung zu unterstützen. Firmen veröffentlichen die Präsentationen von Firmenvertretern, wenn diese zum Beispiel im Rahmen einer Hauptversammlung gezeigt wurden. Sie sind dann über die Firmenwebseite abrufbar. Die Inhalte der Präsentation können unter anderem eine wertvolle Datenquelle für Zahlen und Fakten zu einem Unternehmen sein, ebenso wie sich damit eventuell strategische Vorhaben belegen lassen.

Hinsichtlich der **Urheberschaft** gilt die oben eingeführte Unterscheidung: Demnach können das **Unternehmen als Herausgeber** oder die **vortragende Person** als Autor genannt werden. Der Titel der Präsentation wird der ersten Folie entnommen. Dies gilt auch für das Datum, das alternativ auch in der Fußzeile der Präsentation stehen kann. Die Unterteilung in Folien ermöglicht bei der Zitation eine relativ genaue Bezugnahme auf einzelne Stellen der Präsentation.

Beispiel: Öffentliche Präsentation

Es soll eine Präsentation zitiert werden, die auf der Hauptversammlung der HeidelbergCement AG 2014 gezeigt wurde. Zwar wird der Name von Bernd Schleifele, dem Vorstandsvorsitzenden, im Foliensatz nicht genannt. Die Firmenwebseite nennt ihn jedoch als Referenten.

In der Fußnote steht bei erweitertem Kurzzitat beispielhaft:

> Vgl. HeidelbergCement AG (Hrsg.), Hauptversammlung [Präsentation], 2014, Folie 8.

Im Quellenverzeichnis lautet der Eintrag:

> HeidelbergCement AG (Hrsg.) (Hauptversammlung [Präsentation], 2014): HeidelbergCement – Hauptversammlung am 7. Mai 2014, präsentiert von B. Schleifele (Vorstandsvorsitzender). Datei verfügbar unter: <http://www.heidelbergcement.com/system/files_force/assets/document/hv-praesentation-2014_web.pdf>, Zugriff am: 10.04.2016.

Allgemeines Schema zur vollständigen Nennung im Quellenverzeichnis:

- „Firma oder Organisationsname" (Hrsg.) {+*Leerzeichen/Tabulator*}
- („Kurztitel" [Präsentation], „Jahr"):
- „Vollständiger Titel der Präsentation",
- präsentiert von „Vornameninitial". „Name" ({*Funktion/Position*}).
- Datei verfügbar unter: <„URL">, Zugriff am: „Datum".

Typische Probleme und Lösungsansätze zu dieser Quelle:

- Was ist, wenn die Präsentation nicht als PPT/PPTX-Datei vorliegt, sondern zum Beispiel als PDF oder OpenOffice-Impress-Datei mit der Endung .ODP? Lösung: Für die Zitation ist das unerheblich, solange die Einteilung in Folien erhalten und damit die Referenzierung einer Fundstelle möglich bleibt.

5. Prospekte, Datenblätter und Kataloge

Prospekte, Datenblätter und Kataloge stellen explizit **Leistungen des Unternehmens** vor. Es kann sich bei den Leistungen um **Produkte** und/ oder **Dienstleistungen** handeln, die einzeln oder in einer Kombination für den Leser detailliert dargestellt, beschrieben und ggf. erklärt werden. Technisch sind Prospekte und Kataloge als Printfassung oder elektronisch als PDF verfügbar.

Prospekte, Datenblätter und Kataloge werden von den Unternehmen **eindeutig gekennzeichnet**, damit Anfragen von Kunden verlässlich beantwortet und der Vertrieb die Dokumente bei Bedarf intern nachbestellen kann. Der **Dokumentbezeichner** kann aus mehreren Teilen bestehen. Da er firmenindividuell ist, wird er exakt so bei der Nennung der Quelle angegeben, wie er auf dem zu zitierenden Dokument vorzufinden ist.

Zur eindeutigen Kennzeichnung gehört auch ein **Aktualitätsstand** (z. B. April 2016, 04/16) oder ein Gültigkeitszeitraum (z. B. 2015–2016). Da Produkte und Dienstleistungen weiterentwickelt werden und auch Preise sowie Konditionen angepasst werden, sind regelmäßige Aktualisierungen dieser Firmenpublikationen üblich. Mit dem Datum kann eine **Jahresangabe für die Veröffentlichung** genannt werden.

Der **Prospekt** erläutert das Produkt oder die Dienstleistung unter besonderer Betonung der Vorteilhaftigkeit für bestimmte Anwendungszwecke. Es werden Kaufargumente geliefert. Wie bereits betont, muss man sich bei der Arbeit mit solchen Quellen des **werblichen Charakters** der Firmenveröffentlichungen stets bewusst sein und sollte eine **kritische Distanz** zur Quelle wahren.

Beispiel: Prospekt

Für eine Arbeit zum Thema „Aufbau eines CNC-Ausbildungszentrums" soll der Prospekt eines Herstellers für CNC-Trainingsanlagen zitiert werden.[90] Der erweiterte Kurzbeleg in der Fußnote lautet in diesem Beispiel:

> Vgl. Emco Maier GmbH (Hrsg.), Concept Mill 55, 2015, S. 3.

Die vollständige Nennung der Quelle im Quellenverzeichnis lautet:

> Emco Maier GmbH (Hrsg.) (Concept Mill 55, 2015): Kleine Maschine. Große Wirkung. CONCEPT MILL 55 – CNC-Ausbildung mit industrieller Performance, Dokument: DE4530.07/15, Hallein-Taxach, 2015.

Das **Datenblatt** richtet sich an die Verwender eines Produktes bzw. einer Dienstleistung. Zielgruppe ist nicht mehr der Kaufentscheider, denn das Produkt oder die Dienstleistung, auf die sich das Datenblatt bezieht, wurde in vielen Fällen bereits erworben und soll nun genutzt oder verarbeitet werden. Daher sind die **werblichen Anteile** dieser

94 Den Prospekt finden Sie als PDF im Internet unter der Adresse: <http://www.emco-world.com/fileadmin/user_upload/_Group/Flipping_books/FlippingBook/Concept_Maschinen/CM55/CM55_DE/files/assets/common/downloads/publication.pdf>, Zugriff am: 09.04.2016.

Quellen geringer als beim Prospekt. Die **technische, sachlich-objektive Beschreibung** der Eigenschaften und Merkmale (z. B. Verarbeitungshinweise) stehen nun stärker im Mittelpunkt.

Beispiel: Datenblatt

Es wird ein Produktdatenblatt der Sika Deutschland GmbH mit technischen Informationen zu einem Beschichtungsstoff zitiert. Dies kann auch in einer wirtschaftswissenschaftlichen Arbeit erforderlich sein, z. B. um Alternativen der Projektrealisation zu prüfen. In der Fußnote lautet der erweiterte Kurzbeleg wie folgt:

> Vgl. Sika Deutschland GmbH (Hrsg.), Sika Poxitar F, 2014, S. 3.

Im Quellenverzeichnis erfolgt die vollständige Nennung der Quelle:

> Sika Deutschland GmbH (Hrsg.) (Sika Poxitar F, 2014): Produktdatenblatt Sika Poxitar F, Kennziffer 1630, 27.2.2014, Revision_02, Vaihingen/Enz, 2014.

Das Produktdatenblatt ist auch im Internet abrufbar. Um dies zu kennzeichnen, kann nach dem Punkt die vollständige Quelle angefügt werden:

> Im Internet verfügbar unter: <http://deu.sika.com/dms/getdocument.get/a9764766-601b-38be-aabb-7b0b784841f4/E%20 1670 %20Sika%20Poxitar%20F.pdf>, Zugriff am: 31.03.2016.

Als **Katalog** wird die von einem Hersteller oder Händler veröffentlichte **Übersicht angebotener Leistungen** bezeichnet. Der Charakter dieser Publikation reicht von einer Aneinanderreihung von Prospekten und Datenblättern bis hin zu einer thematisch begründeten Auswahl bestimmter angebotener Leistungen (z. B. nur bestimmte Maschinentypen oder nur aktive elektronische Bauteile).

Kataloge können klassisch gedruckt oder im Internet/auf CD veröffentlicht werden.

Beispiel: Katalog

Es wird ein Produktkatalog der Siemens AG zitiert.[91] In der Fußnote lautet der erweiterte Kurzbeleg wie folgt:

> Vgl. Siemens AG (Hrsg.), Schaltgeräte Katalog LV 16, 2008, S. 22.

Im Quellenverzeichnis erfolgt die vollständige Nennung der Quelle:

> Siemens AG (Hrsg.) (Schaltgeräte Katalog LV 16, 2008): Schaltgeräte und Komponenten für Anwendungen nach UL – Katalog LV 16 2009, Bestell-Nr. E86060-K1816-A101-A2, Dispo 68201, KG 10084, E320 De/803051/IL16, Nürnberg, 2008.

[95] Den Katalog finden Sie als PDF im Internet unter der Adresse: <http://w3app.siemens.com/mcms/infocenter/dokumentencenter/lv/Documentsu20Catalogs/e86060-k1816-a101-a2.pdf>, Zugriff am: 06.04.2016.

Allgemeines Schema zur vollständigen Nennung im Quellenverzeichnis:

- „Firma oder Organisationsname“ (Hrsg.) {+*Leerzeichen/Tabulator*}
- („Kurztitel“, „Jahr“):
- „Vollständiger Titel der Broschüre“,
- {*Dokumentbezeichner,*}
- Ort,
- Jahr.

Soll zudem die Internetadresse für das PDF angegeben werden, ergänzt man:

- Online verfügbar unter: <„URL“>, Zugriff am: „Datum“.

Typische Probleme und Lösungsansätze zu dieser Quelle:

- Ein Prospekt/Datenblatt/Katalog liegt sowohl gedruckt als auch als PDF vor. Welche Fassung soll ich zitieren? Lösung: Zitieren Sie die Fassung, mit der Sie gearbeitet haben. Wenn Sie sicherstellen können, dass beide Fassungen identisch sind, können Sie als „Service“ die Bezugsquelle im Internet angeben.
- Ein Prospekt/Datenblatt/Katalog liegt mir auf CD/DVD vor. Muss ich darauf hinweisen? Lösung: Ja. Die an einen Medienträger gebundene Veröffentlichung mag vom Hersteller bewusst gewählt worden sein, um die Verbreitung der Informationen in Ansätzen steuern zu können. Dies in Verbindung mit der Produktion des Medienträgers zu einem Stichtag führt dazu, dass die CD/DVD als solche auch genannt werden sollte.

6. Reden von Firmenvertretern

Reden von Firmenvertretern können eine interessante Datenquelle sein. Sie geben unmittelbar wieder, welche Ziele und Vorgehensweisen ein Unternehmen verfolgt. Wegen ihrer möglichen Auswirkung auf den Kapitalmarkt sind zumindest bei börsennotierten Unternehmen die Reden der Firmenvertreter gut vorbereitet. Sie liegen als ausformuliertes Manuskript vor und werden als solches auch an die Presse weitergegeben.

Die **Veröffentlichung** der Rede auf der Firmenwebseite als **PDF-Manuskript** oder als **Audio-Mitschnitt** ist üblich. Soll aus der Rede zitiert werden, stellt sich bei dieser Quellenart die Frage nach dem Urheber, der im Quellenverzeichnis genannt werden soll. Wie bereits verdeutlicht, ist das **Unternehmen als Herausgeber** zu nennen, wenn die Person des Vortragenden hinter dem Unternehmen und seiner Kommunikationsbotschaft zurücktritt. Nur für den Fall, dass der Vortragende im

Sinne eines Visionärs eigene Gedanken in den Mittelpunkt seiner Rede stellt, sollte die Person als Urheber genannt werden.[96]

Beispiel: Rede

Zitiert wird eine Rede des Siemens-Vorstandsvorsitzenden Joe Kaeser. Die Rede wurde auf der Hauptversammlung im Januar 2016 gehalten und liegt in einer niedergeschriebenen Fassung als PDF-Datei vor.

In der Fußnote lautet der erweiterte Kurzbeleg wie folgt:

> Vgl. Siemens AG (Hrsg.), Rede Joe Kaeser, 2016, S. 5.

Im Quellenverzeichnis erfolgt die vollständige Nennung der Quelle:

> Siemens AG (Hrsg.) (Rede Joe Kaeser [Media], 2016): Hauptversammlung der Siemens AG, Rede Joe Kaeser, Vorstandsvorsitzender, 26. Januar 2016, München, 2016. Online verfügbar unter: <http://www.siemens.com/press/pool/de/events/2016/corporate/2016-Q1/2016-HV-rede-kaeser.pdf>, Zugriff am: 10.04.2016.

Allgemeines Schema zur vollständigen Nennung im Quellenverzeichnis:

- „Firma oder Organisationsname" (Hrsg.) {+*Leerzeichen/Tabulator*}
- („Kurztitel" {[Media]}, „Jahr"):
- „Vollständiger Titel der Rede",
- Ort,
- Jahr.
- {Rede gehalten von „Vornameninitial". „Name" ({Funktion/Position}).}

Soll zudem die Internetadresse als Bezugsquelle angegeben werden, ergänzt man:

- Datei verfügbar unter: <„URL">, Zugriff am: „Datum".

Typische Probleme und Lösungsansätze zu dieser Quelle:

- Die Rede liegt nicht als PDF, sondern als öffentlich verfügbarer Audiomitschnitt vor. Wie zitiere ich bestimmte Teile? Lösung: Orientieren Sie sich an dem Vorgehensmodell für Audiodateien und nehmen Sie Bezug durch genaue Zeitangaben. Alternativ können Sie die Datei transkribieren und dann nach Seiten zitieren. Stellen Sie in diesem Fall das Transkript dem Gutachter Ihrer Arbeit zur Verfügung.

[96] Ein Beispiel liefert die Rede von Steve Jobs vor den Absolventen der Stanford University im Jahre 2005.

Selbststudium

- 1. Notieren Sie, welche öffentlich verfügbaren Firmenquellen es von den Unternehmen gibt, die für Ihre wissenschaftliche Arbeit relevant sind:

- 2. Literaturbeschaffung: Notieren Sie drei Suchbegriffe (Keywords), mit denen Sie bei einer Suchmaschine nach öffentlich zugänglichen Firmenquellen für Ihre Projekte suchen werden:

- 3. Kombinieren Sie die von Ihnen genannten Suchbegriffe mit Schlüsselworten wie „PDF" und dem Domainnamen der von Ihnen recherchierten Firma. Prüfen Sie die Ergebnisse auf Relevanz und sichern Sie nur die Dateien, die Sie später auch verwenden wollen.

F. Zitieren von firmeninternen Quellen

I. Besonderheiten interner Quellen

Die größte Besonderheit firmen- und organisationsinterner Quellen ist, dass sie klassisch als „nicht zitierfähig" gelten.[97] Dafür werden im engeren Sinn zwei Argumente gesehen: Interne Quellen sind unveröffentlicht und unwissenschaftlich.

Erweitert kommt hinzu, dass der Urheber einer internen Quelle der Öffentlichkeit meist unbekannt ist. Seine „Güte" als Quelle ist somit undefiniert. Abschließend liegen keine klassischen bibliografischen Daten zu einer internen Quelle vor. Dies ist eine Begleiterscheinung der fehlenden Veröffentlichung.

Damit Zitierfähigkeit und Zitierwürdigkeit dieser Quellen beurteilt werden können, sollen die genannten Besonderheiten näher diskutiert werden:

- Die fehlende Veröffentlichung ist insofern ein Problem, als dass Dritte von außen keinen Zugriff auf die Quelle haben und sich diese zum Zweck der Einsichtnahme/Prüfung nicht beschaffen können.
- Interne Quellen sind üblicherweise tatsächlich unwissenschaftlich. Sie belegen typischerweise anwendungsorientiertes, praktisches Wissen. Von Ausnahmen[98] abgesehen sind es ja gerade Praktiker – und eben keine Wissenschaftler –, die interne Quellen (z. B. Dokumente) verfassen oder selbst eine solche Quelle darstellen (Gesprächspartner in einem Interview).
- Der Name des Urhebers einer internen Quelle ist – beruflich gesehen – außerhalb seiner Organisation und seines direkten Umfeldes oft nur Wenigen bekannt. Auch die Leser und Gutachter Ihrer wissenschaftlichen Arbeit werden nicht jeden Projektbeteiligten oder internen Funktionsträger namentlich kennen. Der Name eines internen Urhebers eignet sich damit nicht als „Reputationsindikator".
- Interne Quellen, z. B. Dokumente oder Kalkulationstabellen, sind ohne expliziten Autor denkbar. Sie verfügen naturgemäß über

---

97 Vgl. Theisen, Wissenschaftliches Arbeiten, 2017, S. 160; Rossig, Leitfaden, 2011, S. 146.

98 Privatwirtschaftliche Forschungseinrichtungen und deren wissenschaftliches Personal werden intern durchaus eine wissenschaftliche Arbeitsweise praktizieren.

keinen Verlag und keinen klassischen Veröffentlichungsort. Das Datum oder auch nur Jahr ihrer Erstellung ist insbesondere bei ausgedruckten Zufallsfunden nicht verlässlich feststellbar. Je weniger Daten zu einer Quelle verfügbar sind, desto eher sind Zitierfähigkeit und Zitierwürdigkeit abzulehnen.

Diese Schwächen interner Quellen existieren. Manche internen Quellen werden nicht – oder nur mit großem Aufwand – zitierfähig sein. Für überraschend viele Quellen lässt sich jedoch eine gute Zitierfähigkeit herstellen, indem man gegebene und recherchierbare Metadaten der Quelle nutzt und so die Zitierfähigkeit verbessert.

Eine direkte und unwiderrufliche Einschränkung für die Verwendung interner Quellen ergibt sich aus der fehlenden Wissenschaftlichkeit und den daraus folgenden Implikationen für die Zitierwürdigkeit:

Grundsatz
Interne Quellen sind nur als Datenquellen zitierwürdig. Sie dürfen nicht dazu herangezogen werden, klassische Wissensquellen (z. B. Fachbücher) zu ersetzen.

Um es klar zu formulieren: Interne Quellen können nie den wissenschaftlichen Teil einer Arbeit ersetzen oder Beleg für diesen sein! Interne Quellen kommen aus der Praxis, sie sind per Definition nicht Wissenschaft. Sie lassen sich aber sehr gut nutzen, um das Auftreten von wissenschaftlichen Zusammenhängen in der Praxis bzw. deren reale Manifestation zu belegen.

II. Qualitätskriterien interner Quellen

Die folgenden Ausführungen gehen der Frage nach, wie ein externer Leser, z. B. der Gutachter Ihrer Arbeit, die Qualität einer internen Quelle einschätzen kann. Dies ist wichtig, da darauf aufbauend im nächsten Unterpunkt Wege aufgezeigt werden, die Zitierfähigkeit und Zitierwürdigkeit einer Quelle zu verbessern.

1. Funktion und Position des Urhebers

Mit Funktion soll hier die fachliche Ausrichtung einer Stelle, mit Position ihre Reihung in der Hierarchie der Organisation bezeichnet werden. Arbeitsteilung und Spezialisierung in der Aufgabenerfüllung führen zum Entstehen verschiedener Funktionen und Positionen (Hierarchiestufen) in Organisationen.

Die Funktion des Urhebers einer Quelle ist ein wesentliches Qualitätskriterium: Nimmt man an, dass jede Organisation bestrebt ist, eine möglichst große Deckung zwischen den Anforderungen einer Stelle und den Qualifikationen sowie Kompetenzen eines Stelleninhabers zu realisieren, so lässt sich ableiten, dass verschiedene Funktionen Informationen in unterschiedlicher „Güte" zu einem bestimmten Thema einer wissenschaftlichen Arbeit beisteuern können.

Beispiel

In seiner Funktion als „Qualitätsmanagementbeauftragter" kann Herr Meier mehr zum Thema „Analyse und Beseitigung von Anlauffehlern der Serienproduktion" beitragen als Herr Müller, dessen Stelle als „Teamleiter Außendienst" angegeben wird.

Die Position des Urhebers einer Quelle ist ein weiteres wesentliches Qualitätskriterium: Je höher jemand in der Hierarchie einer Organisation angesiedelt ist, desto umfassender wird üblicherweise der Blick auf die Organisation und ihre Themen sein. Zudem gibt es einen Qualitätssprung, der eintritt, wenn es sich bei der Quelle um bevollmächtigte Vertreter des Unternehmens handelt – diese sind befugt, Rechtsgeschäfte für die Organisation vorzunehmen und können damit „offizielle" Stellungnahmen im Außenverhältnis abgeben.

Beispiel

Die Geschäftsführerin eines Unternehmens gibt in einem Interview Auskunft zur Strategie der GmbH. Diese interne Quelle ist auf Grund ihrer Position und der damit einhergehenden Gesamtsicht auf das Unternehmen *ceteris paribus* qualitativ hochwertiger als ein Mitarbeiter, der als Teil der Strategieabteilung tätig ist.

2. Publikationskontext und Fundort einer Quelle

Bei klassischen Quellen ist der Weg der Veröffentlichung ein wesentlicher Qualitätsindikator. Der publizierende Verlag und sein Lektorat oder das Journal mit seinem Review-Prozess sind Garanten eines bestimmten Qualitätsniveaus. Internen Quellen fehlen diese Mechanismen.

Allerdings gibt es auch in den Unternehmen qualitätssichernde Systeme. Sie gleichen einem Container, in den nur gelangt, was den Qualitätssicherungsprozess durchlaufen hat. Was sich im Inneren des Containers findet, gilt damit als konform mit den Mechanismen des Sicherungssystems. Der Publikationskontext bzw. Fundort ist insofern durchaus ein Qualitätsindikator.

Beispiel

Die Qualitäts-, Umwelt- und Sicherheitsmanagementsysteme der Unternehmen sehen einen Freigabeprozess vor, der nur durch legitime Vertreter des Unternehmens autorisierte Dokumente in die entsprechenden (papiergebundenen oder elektronischen) Handbücher aufnimmt. Ist der Fundort einer Quelle nun ein solches Handbuch, muss das entsprechende Dokument von der Unternehmensleitung autorisiert worden sein. Dies bestätigt meist auch eine datierte Unterschrift im Fußbereich oder am Ende des Dokumentes.

Ist das System zudem zertifiziert (z. B. DIN EN ISO 9001), hat zumindest ein externer Sachverständiger die Konformität mit den Vorgaben der Norm geprüft und bestätigt. Die Güte des Fundortes wurde damit weiter erhöht.

Publikationskontexte und Fundorte, deren Inhalte durch einen Freigabeprozess gehen mussten, sind beispielsweise:[99]

- Managementhandbuch,
- Organisationshandbuch,
- Personalhandbuch,
- Qualitätsmanagementhandbuch,
- Umweltmanagementhandbuch,
- Arbeitssicherheitshandbuch,
- Compliance-Richtlinien und
- Unternehmens- und Führungsleitbild.

3. *Meta-Daten der Quelle*

Ebenso wie sich zu klassischen Quellen neben bibliografischen Angaben (Erscheinungsort, -jahr etc.) auch Meta-Daten (Herausgeberschaft, als Band, Teil einer Reihe etc.) zur Quelle angeben lassen, lassen sich ähnliche Angaben auch für interne Quellen finden.

Beispielhaft stehen für interne Quellen eventuell folgende Meta-Daten zur Verfügung:

- Wann wurde die Quelle erstellt?
- Wer hat sie im Unternehmen verteilt?
- Wurde sie intern bereits einmal präsentiert/genutzt?

Je mehr dieser Meta-Daten zu einer Quelle vorliegen und je nachvollziehbarer deren Bedeutung für die Güte der Quelle ist, desto höher wird auch die Glaubwürdigkeit der Quelle sein.

[99] Die Titulierung als „Handbuch" schließt elektronische Dokumentencontainer im Intranet nicht aus.

Beispiel

Eine interne Powerpoint-Präsentation, welche die Absatzzahlen nach Regionen enthält, wird eine höhere Glaubwürdigkeit erlangen, wenn der Leser erfährt, dass diese Präsentation im vergangenen Monat an einem bestimmten Datum bei einer Betriebsversammlung gezeigt wurde und dass Sie den Foliensatz direkt vom Marketingleiter als Anhang einer E-Mail erhalten haben.

III. Zitierfähigkeit und Zitierwürdigkeit interner Quellen verbessern

Zur **Verbesserung der Zitierfähigkeit** werden die bereits weiter oben angesprochenen Maßnahmen für die nun internen Quellen durchgeführt. Für die Zitierfähigkeit muss festgestellt werden:

- Wer der **Autor/Urheber** der Quelle ist,
- wie die Quelle **eindeutig bezeichnet** wird (eventuell gibt es eindeutige interne Dokumenten-IDs, wie sie durch ein Dokumentenmanagementsystem, kurz DMS, vergeben werden),
- an welchem **Datum** die Quelle intern in Umlauf gebracht wurde (als quasi eine interne „Veröffentlichung"),
- an welchem **Standort** die Quelle in Umlauf gebracht wurde (als Ersatz für den Verlagsort),
- wo und wann die Quelle firmenintern eingesehen werden konnte („**Speicherort**") und
- ob die Quelle Teil eines „**Containers**" ist, der zusätzliche **Meta-Daten** zur Quelle liefert.

Die **fehlende Zugänglichkeit für Dritte** sowie die Intransparenz interner Quellen erfordern **zwingend** eine **Archivierung** als sog. **Archivquelle**, so dass die Quellen entweder direkt im Anhang der wissenschaftlichen Arbeit eingebunden oder auf Verlangen des Gutachters diesem zugänglich gemacht werden.[100] Finden sich bei der archivierten Quelle die Kontaktdaten des Autors, steigert dies die Zitierfähigkeit weiter.[101]

Der **Autor/Urheber** hat eine formale Bedeutung für die Zitierfähigkeit. Bei den im nächsten Gliederungspunkt folgenden konkreten Zitiervorgaben wird in vielen Fällen das **Unternehmen als Autor** genannt und erst in zweiter Linie auf den eigentlichen Autor abgestellt. Dies folgt

[100] Auch Autoren, die an sich die Zitierfähigkeit unveröffentlichter Quellen ablehnen, zeigen Wege auf, wie dennoch aus solchen Quellen zitiert werden kann.

[101] Vgl. Heesen, Wissenschaftliches Arbeiten, 2014, S. 56.

der Argumentation zu den öffentlich zugänglichen Quellen, wonach die Personen in vielen Fällen hinter der für das Unternehmen erbrachten Arbeitsleistung zurückstehen. Im Unterschied zu öffentlichen Quellen werden die internen aber nicht „herausgegeben", und das ist durchaus doppeldeutig zu lesen. Daher *kann* bei internen Quellen auf das Kürzel „(Hrsg.)" verzichtet werden, wenn es sich bei dem Unternehmen um eine juristische Person handelt und die Rechtsform mit angegeben wird (z. B. „Siemens AG"). Bei inhabergeführten Unternehmen trägt das Kürzel („Hrsg.") zur Differenzierung der Rollen von Inhaber und Autor bei.

Für „graue Literatur" wird deren Kenntlichmachung durch erklärende Zusätze empfohlen.[102] In einer Analogie zu diesem Gedanken ist es hilfreich, durch eine Ergänzung die Art des internen Dokumentes in der **Kurzbeschreibung** der Fußnote aufzunehmen. Der Leser weiß dann, um welche Dokumentenart es sich handelt und der **Zusatz „[Intern]"** spezifiziert die Quelle zudem als **Datenquelle**.

Die **Zitierwürdigkeit** einer internen Quelle wird erhöht, wenn der Urheber auf Grund seiner Funktion oder Position als maßgebliche Quelle gewertet werden kann. Daher sollten auch diese Meta-Daten recherchiert und in die Beschreibung der Quelle eingebracht werden.

IV. Konkrete Zitiervorgaben nach Werks-/Medienart

1. Arbeitsanweisung

Bei der Arbeitsanweisung handelt es sich um einen mündlich oder schriftlich gegebenen Arbeitsauftrag und/oder eine Vorgabe zur Art und Weise der Aufgabenerfüllung (Arbeitsmethodik).

- Eine mündliche Arbeitsanweisung dient der persönlichen, fallweisen Vorgabe durch den Vorgesetzten. Sie ist typisch für Unternehmen mit einer geringen formalen Organisation, wird aber auch in hoch organisierten Umgebungen zur Koordination einmaliger oder komplexer Aufgaben verwendet.
- Eine schriftlich bzw. elektronisch gefasste Arbeitsanweisung regelt detailliert und zeitlich dauerhaft, wie Arbeitsaufgaben an einem bestimmten Arbeitsplatz auszuführen sind. In ihr finden sich prozesshafte Vorgaben, die den Mitarbeiter bei der Arbeitsausführung anleiten. Dazu werden unter anderem Texte, Prozessdiagramme sowie Checklisten eingesetzt.

---

[102] Vgl. Stickel-Wolf/Wolf, Wissenschaftliches Arbeiten, 2013, S. 257.

Eine Arbeitsanweisung kann zitiert werden, wenn sie schriftlich bzw. elektronisch gefasst ist und als formaler Teil der Unternehmensorganisation vorliegt, also einen institutionalisierten Freigabeprozess durchlaufen hat. Mündlich gegebene Arbeitsanweisungen, aber auch schriftliche „Notizen" als Anweisungen, sind nicht zitierfähig. Für sie gibt es Alternativen, die Ihnen weiter unten vorgestellt werden.

Beispiel: Arbeitsanweisung (schriftlich)

In der Fußnote erfolgt ein sinngemäßer Verweis auf die Quelle, S. 4, wie folgt:

> Vgl. Metallbau Walger GmbH, Arbeitsanweisung Erstmusterprüfbericht [Intern], 2016, S. 4.

Im Quellenverzeichnis erfolgt die vollständige Nennung der Quelle:

> Metallbau Walger GmbH (Arbeitsanweisung Erstmusterprüfbericht [Intern], 2016): Arbeitsanweisung zur Durchführung des Erstmusterprozesses von Bauteilen (Erstmusterprüfbericht), Dokument AA-ABC-12, Version 3, München. Erstellt von: L. Schneider (Qualitätsbeauftragter) am 10.11.2015, freigegeben von: C. Bauer (Abteilungsleiter) am 10.11.2015, veröffentlicht am 8.1.2016 im QM-Handbuch, Version 2.0.

Allgemeines Schema zur vollständigen Nennung im Quellenverzeichnis:

- „Firma oder Organisationsname" {+*Leerzeichen/Tabulator*}
- („Kurztitel" [Intern], „Jahr"):
- „Vollständiger Titel der Arbeitsanweisung",
- {*interner Dokumentbezeichner,*}
- {*optional:* Version „Versionsnummer",}
- {*optional:* für Arbeitsplatz: „Arbeitsplatzbezeichnung/Tätigkeitsbereich …",}
- „Sitz des Unternehmens/der Organisation". {*Punkt beachten!*}
- Erstellt von: „Vornameninitial". „Name" („Funktion"{/„Position"}) {am „Datum"},
- freigegeben von: „Vornameninitial". „Name" ({„Funktion"/}„Position") {am „Datum"},
- veröffentlicht am „Datum" in „Container" {,Meta-Daten zum Container}.

Typische Probleme und Lösungsansätze zu dieser Quelle:

- Es gibt nur mündliche Arbeitsanweisungen. Diese sind, wie oben erwähnt, nicht zitierfähig. Lösung: Nutzen Sie die bekannten Verfahren der Primärdatenerhebung und führen Sie eine Organisations- oder Arbeitsanalyse durch.

2. Betriebsanweisung

Eine Betriebsanweisung regelt durch schriftliche Vorgaben den sicheren Umgang mit Betriebsmitteln sowie gefährlichen Stoffen. Sie bezieht sich konkret auf ein Betriebsmittel, einen Arbeitsplatz oder eine Tätigkeit und macht diesbezüglich verbindliche Vorgaben. Mit der Betriebsanweisung setzen der Arbeitgeber bzw. dessen Vertreter Forderungen des Arbeitsschutzgesetzes, der Betriebssicherheitsverordnung sowie der Unfallverhütungsvorschriften um.[103]

Betriebsanweisungen erlangen Gültigkeit durch die sog. Freigabe. Die Freigabe erfolgt durch die dokumentierte Unterschrift der obersten Leitungsebene oder einer von ihr dazu bevollmächtigten Person. Eine freigegebene Betriebsanweisung wird im Sicherheitshandbuch veröffentlicht und direkt am Ort des Betriebsmittels ausgehängt.

Diese Art interner Dokumente lässt sich durch den autorisierten Freigabeprozess und das Vorliegen der Meta-Daten sehr gut zitieren. Ein Einsatz als Datenquelle ist möglich.

Beispiel: Betriebsanweisung

In der Fußnote erfolgt ein sinngemäßer Verweis auf die S. 2 der Quelle wie folgt:

> Vgl. Metallbau Walger GmbH, Betriebsanweisung Druckluftgeräte [Intern], 2016, S. 2.

Im Quellenverzeichnis erfolgt die vollständige Nennung der Quelle:

> Metallbau Walger GmbH (Betriebsanweisung Druckluftgeräte [Intern], 2016): Maschinen-Betriebsanweisung für Arbeiten mit Druckluft-Werkzeugen, Nr. 123, Version 1.01, München. Erstellt von: P. Zumhausen (Sicherheitsbeauftragter) am 12.12.2015, freigegeben von: B. Walger (Geschäftsführer) am 8.1.2016, veröffentlicht am 8.1.2016 im Sicherheitshandbuch, Version 2.15, Standort Industriestraße 5.

Allgemeines Schema zur vollständigen Nennung im Quellenverzeichnis:

- „Firma oder Organisationsname" {+*Leerzeichen/Tabulator*}
- („Kurztitel" [Intern], „Jahr"):
- „Vollständiger Titel der Betriebsanweisung",
- {*interner Dokumentbezeichner,*}
- {*optional:* Version „Versionsnummer",}
- {*optional:* für Arbeitsplatz: „Arbeitsplatzbezeichnung/Tätigkeitsbereich …",}

---

[103] Schriftliche Betriebsanweisungen werden u. a. gefordert in § 12 II BetrSichV.

- „Sitz des Unternehmens/der Organisation". {*Punkt beachten!*}
- Erstellt von: „Vornameninitial". „Name" („Funktion"{/„Position"}) {am „Datum"},
- freigegeben von: „Vornameninitial". „Name" ({„Funktion"/}„Position") {am „Datum"},
- veröffentlicht am „Datum" in „Container" {Meta-Daten zum Container}.

Typische Probleme und Lösungsansätze zu dieser Quelle:

- Für die Jahresangabe der Quelle sind maximal drei Datumsangaben denkbar: Das Erstellungsdatum, das der Freigabe und zuletzt das Veröffentlichungsdatum. Welches sollte man nehmen? Lösung: Die Jahresangabe der Quelle richtet sich nach dem Veröffentlichungsdatum. Erstellung und Freigabe sind nur „Vorarbeiten", erst ab Veröffentlichung kann die Organisation die Anweisung kennen.
- Mehrere Namen bzw. Bezeichner kommen als Urheber der Quelle in Betracht: Ersteller, freigebende Person oder die Organisation/das Unternehmen. Lösung: Es sollte die Organisation/das Unternehmen als Urheber genannt werden.
- Die einzelne Betriebsanweisung nennt üblicherweise keinen Ort/Standort. Lösung: Verwenden Sie als Ort den (Haupt-)Sitz des Unternehmens gemäß Handelsregister bzw. Impressum. Als Standort geben Sie entweder den physischen Ort des Handbuches oder den des Betriebsmittels an. Bei Unternehmen mit mehreren Betriebsstätten können Ort und Standort daher unterschiedlich sein.

3. *Betriebsvereinbarung*

Eine Betriebsvereinbarung ist ein kollektivrechtlicher Vertrag zwischen Arbeitgeber und Betriebsrat. Sie gilt für die gesamte Belegschaft oder bestimmte Gruppen von Arbeitnehmern. Ihre Rechtsgrundlage hat die Betriebsvereinbarung in § 77 BetrVG, sie entstammt somit dem Betriebsverfassungsgesetz und kann daher nur in Betrieben existieren, die über einen Betriebsrat verfügen.

Betriebsvereinbarungen werden genutzt, um dauerhaft Angelegenheiten zu regeln, die zum gesetzlichen Aufgabenbereich des Betriebsrates gehören. Ihre möglichen Inhalte sind sehr divergent: Personelle Auswahlrichtlinien, Personalfragebögen, Grundsätze der Personalbeurteilung, aber auch Rahmenbedingungen der Personalentwicklung können beispielsweise dort niedergelegt sein.[104] Gründe und Ansatzpunkte für die Zitation in einer wissenschaftlichen Projektarbeit gibt es genug.

[104] Vgl. W.A.F. (Hrsg.), Inhalt von Betriebsvereinbarungen [Online], 2016, Kap. 3.

§77 II BetrvG bestimmt hinsichtlich der formalen Ausgestaltung:

- Betriebsvereinbarungen sind von Betriebsrat und Arbeitgeber gemeinsam zu beschließen und schriftlich niederzulegen. Sie werden üblicherweise unterzeichnet.
- Der Arbeitgeber hat die Betriebsvereinbarungen an geeigneter Stelle im Betrieb auszulegen.

In der Betriebsvereinbarung werden räumlicher und personeller Geltungsbereich sowie die Geltungsdauer genannt.[105] Die Seiten einer Betriebsvereinbarung sind nummeriert, der Text ist inhaltlich gegliedert und z. B. in Paragraphen unterteilt. Beides erlaubt beim Zitieren eine genaue Bezugnahme auf den Fundort. Betriebsvereinbarungen lassen sich sehr gut zitieren.

Beispiel: Betriebsvereinbarung

In der Fußnote erfolgt ein sinngemäßer Verweis auf die S. 2 der Quelle wie folgt:

> Vgl. Melter AG, Betriebsvereinbarung Personalauswahl [Intern], 2016, S. 2.

Im Literatur- und Quellenverzeichnis erfolgt die vollständige Nennung der Quelle:

> Melter AG (Betriebsvereinbarung Personalauswahl [Intern], 2016): Betriebsvereinbarung über Fragen zur Personalauswahl und verbindliche Beurteilungskriterien, gültig ab 12.02.2016, München. Veröffentlicht im Personalhandbuch der Melter AG, Version 1.8, im Intranet verfügbar unter: <https://intranet.melter-ag.de/personalhandbuch/>, Zugriff am: 01.03.2016.

Allgemeines Schema zur vollständigen Nennung im Quellenverzeichnis:

- „Firma oder Organisationsname" {+*Leerzeichen/Tabulator*}
- („Kurztitel" [Intern], „Jahr"):
- „Vollständiger Titel der Betriebsvereinbarung",
- gültig ab „Datum", „Ort der Unterzeichnung".
- Veröffentlicht im „Container" {,Meta-Daten zum Container}.

Typische Probleme und Lösungsansätze zu dieser Quelle:

- Wieso werden nicht die Namen der Unterzeichner angegeben? Lösung: Die unterzeichnenden Personen handeln institutionell, das heißt für den Arbeitgeber oder den (Gesamt)Betriebsrat.
- Was ist, wenn das Unternehmen mehrere Betriebe hat? Lösung: Betriebsvereinbarungen gelten für den Betrieb, in dem sie abge-

[105] Vgl. Heidemann/Maschke, Betriebsvereinbarung entwickeln [E-Book], 2012, S. 14 f.

schlossen wurden. Besteht das Unternehmen aus mehreren Betrieben, ist dieser jeweils für eine genaue Zuordnung anzugeben, z. B. „Betriebsvereinbarung zur Personalauswahl am Standort H".

- Wie behandelt man eine Gesamtbetriebsvereinbarung? Lösung: Eine Gesamtbetriebsvereinbarung gilt für mehrere Betriebe. Sie wird zwischen Arbeitgeber und dem Gesamtbetriebsrat geschlossen und ist abgesehen von der anderen Benennung in der Zitation zu behandeln wie eine Betriebsvereinbarung.
- Warum wird bei der Angabe zur Veröffentlichung kein Datum benötigt? Lösung: Die Veröffentlichung ist lediglich deklaratorisch. Die Gültigkeit, sprich das „Inkrafttreten", ist wichtiger als das Veröffentlichungsdatum. Bei Gültigkeit entfaltet die Betriebsvereinbarung unmittelbare Rechtswirkung, d. h. betroffene Arbeitnehmer müssen die Regelung nicht einmal kennen und sind doch davon erfasst.[106]

Tipp
Betriebsvereinbarungen gehören nicht zu den Betriebs- und Geschäftsgeheimnissen (Landesarbeitsgericht Hamm, 30.09.2011, AZ 10 Sa 471/11).

4. Datenbankinhalte

Datenbanken sind unter anderem die Grundlage von Enterprise-Resource-Planning-Tools. Sie beherbergen teilweise gewaltige Datenschätze, die in einer wissenschaftlichen Arbeit als Datenquelle genutzt werden können: Auslastungsquoten der Produktionsmittel, Produktivitätskennzahlen, Umsätze gruppiert nach Produkten oder Kunden etc.

Das Zitieren von Datenbankinhalten stellt eine besondere Problematik dar, da ein Abfrageergebnis nur reproduzierbar ist, wenn die exakt gleiche Syntax verwendet wird und die Inhalte der Datenbank zwischenzeitlich nicht verändert wurden. Da dies in der Praxis nicht gegeben sein wird, müssen die Ergebnisse der Datenbankabfrage als Beleg in den Anhang der Arbeit übernommen werden.

Beispiel: Datenbank
Fußnote, hier mit sinngemäßem Verweis auf den Beleg im Anhang, Seite A-2: Vgl. Melter AG, Datenbankabfrage vom 12.02.2016, siehe Anhang A-2.

[106] Vgl. Hromadka/Maschmann, Arbeitsrecht Band 2, 1999, S. 332.

5. E-Mail

E-Mails können selbst wesentliche Datenquellen sein, sie können aber auch als Transportmittel für die eigentliche zu zitierende Quelle dienen. Letzteres ist zum Beispiel dann der Fall, wenn der Anhang einer E-Mail die Quelle ist.

Eine E-Mail ist

- zitierfähig, falls sie dem wissenschaftlichen Autor vorliegt und
- zitierwürdig, wenn der Urheber eine relevante Quelle für das Thema ist.

Im Kopfbereich der E-Mail finden sich die für eine eindeutige Identifikation der Quelle relevanten Daten: Sender, seine E-Mail-Adresse, Empfängeradresse, Sendedatum, Sendeuhrzeit – ggf. mit Zeitzone – und Betreff der Kommunikation („Subject“).

E-Mails sind persönliche Kommunikation. Man könnte daher vermuten, dass die Angabe des Empfängers überflüssig ist.[107] Allerdings sind auch Situationen denkbar, in denen die E-Mail vom ursprünglichen Empfänger an den Autor der wissenschaftlichen Arbeit weitergeleitet wurde. Der Empfänger ist folglich anzugeben.

Wesentlich für die Glaubwürdigkeit als relevante Quelle sind die Position, Funktion oder Qualifikation des Senders. Ergänzen Sie diese Informationen, soweit sie Ihnen vorliegen.

Wollen Sie als Beleg auf den Text der E-Mail verweisen, verfahren Sie wie folgt:

Beispiel: E-Mail

Fußnote, hier mit sinngemäßem Verweis auf die Quelle:

Vgl. Weber, Kostenkalkulation [E-Mail], 2016.

Literatur- und Quellenverzeichnis, vollständige Nennung der Quelle:

Weber, Gary (Kostenkalkulation [E-Mail], 2016): Kostenkalkulation bei X-Projekten, E-Mail von G. Weber (Leitung Controlling, weber@melter-ag.de) an P. Zumhausen (zumhausen@melter-ag.de), gesendet am 1.3.2014, 08:14 Uhr.

Allgemeines Schema zur vollständigen Nennung im Quellenverzeichnis:

- „Name des Senders“, „Vorname des Senders“ {+*Leerzeichen/Tabulator*}
- („Kurztitel“ [E-Mail], „Jahr“):
- „Betreff der E-Mail“,

[107] Vgl. Runkehl/Siever, Zitat im Internet, 2001, S. 102.

- E-Mail von „Vornameninitial des Senders". „Name des Senders"
- („Position/Funktion des Senders", „E-Mail-Adresse des Senders")
- an „Vornameninitial des Empfängers". „Name des Empfängers" („E-Mail-Adresse des Empfängers"),
- gesendet am „Datum", „Uhrzeit" Uhr.

Typische Probleme und Lösungsansätze zu dieser Quelle:

- Wie geht man mit weitergeleiteten E-Mails um? Lösung: Die Tatsache, dass der ursprüngliche Empfänger nicht der Verfasser der wissenschaftlichen Arbeit ist, hat für den Informationsgehalt der Mitteilung des Urhebers keine Bedeutung. Sender und Empfänger richten sich also einzig nach der Ursprungsnachricht. Die Nennung der weiterleitenden Person ist nicht erforderlich.[108]
- Was ist, wenn die Mail ausgedruckt wurde? Lösung: Es bleibt trotzdem eine interne E-Mail und sie sollte als solche zitiert werden.

6. *Handbücher: Organisations-, Qualitätshandbuch etc.*

Interne Handbücher sammeln Richtlinien, spezielle Verfahrensanweisungen, Ablauf-/Prozessdokumentationen sowie Checklisten und Formulare zu ihrem jeweiligen Themenbereich. Da einige dieser Informationen als Betriebsgeheimnisse gesehen werden, sind Handbücher der Öffentlichkeit üblicherweise nicht zugänglich. Beispiele für interne Handbücher sind:

- Managementhandbuch,
- Organisationshandbuch,
- Qualitätsmanagementhandbuch,
- Arbeitssicherheitshandbuch,
- Umweltmanagementhandbuch etc.

Die inhaltliche Verantwortung für die genannten Quellen wird innerhalb des Unternehmens einzelnen Personen übertragen, z. B. dem Qualitätsmanagement-Beauftragten (QMB).

Interne Handbücher lassen sich gut für die Zitation von projektspezifischem Wissen im praxisbezogenen Teil einer wissenschaftlichen (Projekt-)Arbeit nutzen: Das Handbuch und teilweise sogar jedes einzelne Dokument darin verfügt über eine Dokumentenhistorie, aus der hervorgeht, wer das Dokument verfasst hat (Autor), in welcher Version es vorliegt, wann diese freigegeben bzw. für gültig erklärt wurde und wer über die Freigabe entschieden hat.

---

[108] Anderer Ansicht sind *Runkehl/Siever*, bei denen der Weiterleitende als Autor genannt und auf die Weiterleitung der Nachricht hingewiesen wird, vgl. Runkehl/Siever, Zitat im Internet, 2001, S. 103.

Das folgende Beispiel erläutert die Zitation des gesamten Handbuches:

Beispiel: Handbuch

In der Fußnote steht bei erweitertem Kurzzitat beispielhaft:

[2] Vgl. Melter AG, Qualitätsmanagementhandbuch [Intern], 2016.

Im Quellenverzeichnis lautet der Eintrag:

Melter AG (Qualitätsmanagementhandbuch [Intern], 2016): Qualitätsmanagementhandbuch, Version 3.0, gültig ab 23.11.2015, München. Im Intranet verfügbar unter: <https://intranet.melter-ag.de/qm/handbuch/>, Zugriff am: 29.03.2016.

Allgemeines Schema zur vollständigen Nennung im Quellenverzeichnis:

- „Firma oder Organisationsname" {+*Leerzeichen/Tabulator*}
- („Kurztitel" [Intern], „Jahr"):
- „Vollständiger Titel des Handbuches",
- {Angaben zur Versionsnummer/Auflage o.ä.,}
- gültig ab „Datum", „Ort des Unternehmenssitzes".
- {Im Intranet verfügbar unter: <„Intranet-URL">, Zugriff am: „Datum".}

Meist sind die Handbücher elektronisch als PDF verfügbar. Eine Sicherung bzw. eine Übernahme einzelner Seiten in den Anhang der eigenen Arbeit ist damit technisch problemlos möglich. Die Erlaubnis zur Übernahme erteilen die Firmen üblicherweise, wenn ein Sperrvermerk die allgemeine Veröffentlichung der Arbeit verhindert.

Typische Probleme und Lösungsansätze zu dieser Quelle:

- Wie zitiert man einzelne Arbeit- oder Verfahrensanweisungen aus dem Handbuch? Lösung: Das vorliegende Kapitel enthält dafür eigene Unterpunkte, in denen die korrekte Zitation vorgestellt wird.

7. Interview

Das Interview ist eine besondere Form der Befragung. Im Interview lassen sich persönliche Sichtweisen auf einen Untersuchungsgegenstand, Meinungen, Einstellungen und Gefühle erheben, während ein einzelnes Interview weniger geeignet erscheint, objektive Tatbestände über wirkliches Verhalten und konkrete Arbeitsabläufe zu dokumentieren.[109]

Eine Form des Interviews ist das sog. Experteninterview. Bei diesem wird eine Person, die hinsichtlich des Untersuchungsgegenstandes als kompetent gilt („Experte"), befragt, um dadurch das aus der Theorie

[109] Vgl. Bühner, Organisationslehre, 2004, S. 35.

mittels Wissensquellen abgeleitete Vorverständnis hinsichtlich praktischer Implikationen zu prüfen.[110]

Damit ein Interview zitierfähig wird, muss es zunächst protokolliert oder technisch aufgezeichnet werden. Die Aufnahme des Gesprächs mittels Digitalrekorder bzw. einem ähnlichen Hilfsmittel ist dem Protokoll vorzuziehen, da man sich so voll auf das Interview konzentrieren kann.[111] Die Zustimmung des Gesprächspartners zur Aufzeichnung ist zweifelsfrei zu dokumentieren, unter den praktischen Tipps am Ende dieses Kapitels finden sich ergänzende rechtliche Hinweise dazu.[112]

Die Aufzeichnung wird dann entweder verschriftlicht (sog. Transkript) oder als Audio-Datei zitiert. Da sie als firmeninterne Quelle archiviert und dem Gutachter zugänglich gemacht werden muss, wird das Transkript in den Anhang aufgenommen oder die Audio-Datei auf CD/DVD der Arbeit beigefügt.

Ein typisches Transkript ist aufgebaut als dreispaltige Tabelle: Die erste Spalte nennt eine fortlaufende Zeilen- oder Absatznummer, die zweite Spalte identifiziert den aktuellen Sprecher, die dritte Spalte enthält die verschriftlichten Aussagen.[113]

Es ist guter Stil, das transkribierte Interview dem Gesprächspartner noch einmal vorzulegen und sich die inhaltliche Richtigkeit mit einer datierten Unterschrift bestätigen zu lassen. Die Zitierfähigkeit wird dadurch verbessert.

Das Interview ist einer der Fälle, wo bei einer Firmenquelle tatsächlich die Person im Mittelpunkt steht und daher als Autor genannt werden sollte.

Beispiel: Interview

In der Fußnote steht bei erweitertem Kurzzitat für ein Transkript beispielhaft:

[2] Vgl. Huber, Interview vom 12.02.2016 [Intern], 2016, Absatz 23.

Bei Verwendung einer Audio-Datei:

[2] Vgl. Huber, Interview vom 12.02.2016 [Intern], 2016, 05:32 Min.

Im Quellenverzeichnis lautet der Eintrag:

Huber, Norbert (Interview vom 12.02.2016 [Intern], 2016): Interview mit N. Huber (Leiter Einkauf der Walger GmbH), durchgeführt von M. Musterfrau, München, 2016.

[110] Vgl. Weber, Wissenschaftliches Arbeiten, 2015, S. 88.

[111] Beispielsweise wird die Aufzeichnung mittels Videokamera empfohlen, wenn nonverbale Elemente miterhoben werden sollen, vgl. Weber, Wissenschaftliches Arbeiten, 2015, S. 92 f. Denkbar ist dies bei Interviews zu einem (provokanten) Werbeclip.

[112] Siehe Gliederungspunkt V.3 dieses Kapitels.

[113] Vgl. Weber, Wissenschaftliches Arbeiten, 2015, S. 142.

Allgemeines Schema zur vollständigen Nennung im Quellenverzeichnis:

- „Name“, „Vorname“ {+*Leerzeichen/Tabulator*}
- (Interview vom „Datum“ [Intern], „Jahr“):
- Interview mit „Vornameninitial“. „Name“ ({Funktion/Position/Organisation}),
- durchgeführt von „Vornameninitial“. „Name“,
- „Ort“, „Jahr“.

Typische Probleme und Lösungsansätze zu dieser Quelle:

- Wann sollte ein Transkript und wann die Audio-Datei genutzt werden? Lösung: Je länger ein Interview ist, desto zeitintensiver ist das Transkribieren. Erfahrungswerte gehen von einem Faktor 1:15 aus: Für jede Minute aufgezeichnetes Interview benötigt man 15 Minuten zum Abtippen, Aufbereiten und Korrekturlesen.[114]

8. Intranet-Inhalte

Das Intranet arbeitet wie ein eigenes, kleines abgeschottetes Firmen-Internet. Daher sind die Inhalte analog zu Internetangeboten zu zitieren. Die fehlende Zugänglichkeit erfordert stets die Erstellung der Archivquelle.

In Konkurrenz treten nun zwei Bezeichner, [Intern] und [Online], wobei die wesentlichere Charakterisierung diejenige als interne Quelle ist. Selbst wenn im Intranet der (technische) Autor identifiziert werden kann, was regelmäßig der Fall sein wird, steht für den firmenexternen Leser der Arbeit diese Information hinter der Firmen-/Organisationsbezeichnung der Quelle zurück.

Beispiel: Intranetseite

Auf der Intranetseite ist ein Autor genannt. Dieser steht hinter der Firma zurück:

> Melter AG (Unternehmenskultur [Intern], 2015): Unsere Unternehmenskultur – Grundsätze der Zusammenarbeit. Veröffentlicht von A. Mayer (Leitung OE) am 15.12.2015, im Intranet verfügbar unter: <https://intranet.melter-ag.de/cms/unternehmenskultur>, Zugriff am: 26.04.2016.

In der Fußnote steht bei erweitertem Kurzzitat als Bezug beispielhaft:

> Vgl. Melter AG, Unternehmenskultur [Intern], 2015.

[114] Vgl. Weber, Wissenschaftliches Arbeiten, 2015, S. 139.

Allgemeines Schema zur vollständigen Nennung im Quellenverzeichnis:

- „Firma oder Organisationsname" {+*Leerzeichen/Tabulator*}
- („Kurztitel" [Intern], „Jahr"):
- „Vollständiger Titel der Intranetseite",
- {ggf. weitere Informationen zur Intranetseite,}
- {im Intranet verfügbar unter: <„Intranet-URL">, Zugriff am: „Datum".}

9. Memos und Notizen

Memos und Notizen sind persönliche Aufzeichnungen zu Gedanken, Ideen und Vorgängen mit einem geringen Formalisierungsgrad. Formlos wird notiert oder als Sprachdatei aufgenommen, was nicht vergessen werden soll. Memos und Notizen sind nicht auf Weiterverbreitung angelegt. Sie sind daher für die Zitation ungeeignet.

Typische Probleme und Lösungsansätze zu dieser Quelle:

- Wie kann man dennoch die Informationen nutzen? Lösung: Bitten Sie die Person, welche die Unterlagen verfasst hat, zu einem Interview. Stellen Sie Ihre Fragen so, dass Sie die aus den Unterlagen bekannten Informationen neu erheben. Das Interview als solches können Sie zitieren, siehe „Interview".

10. Organigramm

Das Organigramm ist ein Schaubild der tatsächlichen oder geplanten Aufbauorganisation einer Organisation. Es wird eingesetzt, um mittels einer grafischen Darstellung die Struktur der Organisation prägnant wiederzugeben.

Das Organigramm ist schriftlich fixiert. Es ist oftmals Teil eines Organisationshandbuches, dann ist es auch als Teil des Handbuches zu zitieren (siehe „Handbücher").

Steht es alleine oder es ist als einzelne elektronische Datei im Intranet abrufbar, ist der genaue Auffindeort zu lokalisieren und für die Zitation (z. B. als Pfadangabe zum Dokument) zu spezifizieren.

Eventuell ist kein Urheber auf dem Organigramm angegeben. Bei einer Verbreitung des Organigramms innerhalb des Unternehmens (z. B. per Download) kann von einer internen Freigabe durch eine autorisierte Stelle ausgegangen werden. Der Firmen- oder Organisationsname wird dann als Verfasser angegeben.

Auch Organigramme entwickeln sich. Um die als Beleg zitierte Fassung zu spezifizieren, sollte – sofern auf dem Organigramm vorhanden – die Versionsnummer angegeben werden. In der Praxis verfügen viele Organigramme jedoch nicht über eine solche Versionierung, sondern die Fassung und Aktualität werden durch den Vermerk eines Datums („Stand" o.ä.) auf dem Blatt gekennzeichnet.

Beispiel: Organigramm

In der Fußnote steht bei erweitertem Kurzzitat beispielhaft:

[2] Vgl. Melter AG, Organigramm [Intern], 2016.

Im Quellenverzeichnis lautet der Eintrag:

Melter AG (Organigramm [Intern], 2016): Organigramm der Melter AG, Stand 18.01.2016, München. Im Intranet verfügbar unter: <https://intranet.melter-ag.de/dokumente/organigramm.pdf>, Zugriff am: 01.03.2016.

Allgemeines Schema zur vollständigen Nennung im Quellenverzeichnis:

- „Firma oder Organisationsname" {+*Leerzeichen/Tabulator*}
- („Kurztitel" [Intern], „Jahr"):
- „Vollständiger Titel des Organigramms",
- {Angaben zur Versionsnummer und/oder Angaben zum Stand,}
- „Ort des Unternehmenssitzes".
- {Im Intranet verfügbar unter: <„Intranet-URL">, Zugriff am: „Datum".}

11. Präsentationsfoliensatz (Powerpoint)

Interne Präsentationen dienen der Visualisierung von Informationen. Es sind quasi unendlich viele Einsatzzwecke denkbar. Beispielsweise können damit Projektvorhaben, deren Fortschritt oder die Projektergebnisse illustriert werden. Für interne Präsentationen gelten ähnliche Überlegungen wie für öffentlich zugängliche Präsentationen.[115] Der wesentliche Unterschied ist die Urheberschaft, die bei internen Präsentationen die tatsächliche(n) Person(en) nennt.

Interne Präsentationen haben einen oder mehrere Urheber und befassen sich mit einem bestimmten Thema, das meist auf der ersten Folie als Titel ersichtlich ist. Dort oder im Fußbereich der Folien ist ein Datum angegeben, das in der Quellenangabe genannt werden kann.

Für die Zitierfähigkeit sind weitere Informationen erforderlich: Zunächst ist zu erheben, unter welcher Intranet-URL oder unter welchem

[115] Siehe Kapitel E.

Pfad eines internen Laufwerks die Präsentation verfügbar ist. Dies ist zu ergänzen mit dem Datum, an dem die Präsentationsdatei am Speicherort verfügbar war.

Die Zitierwürdigkeit wird verbessert, indem ergänzende Angaben zur Funktion und Position des Urhebers gegeben werden.

Beispiel: Interne Präsentation

In der Fußnote steht bei erweitertem Kurzzitat beispielhaft:

[2] Vgl. Walger, Strategie 2020 [Intern], 2016, Folie 3.

Im Quellenverzeichnis lautet der Eintrag:

Walger, Bernd (Strategie 2020 [Intern], 2016): Roadmap zur Strategie 2020 der Metallbau Walger GmbH, präsentiert von B. Walger (Geschäftsführer). Datei verfügbar unter: <https://intranet.walger-gmbh.de/ pfad_zur_praesentation/strategie_2020.pptx>, Zugriff am: 01.03.2016.

Allgemeines Schema zur vollständigen Nennung im Quellenverzeichnis:

- „Name“, „Vorname“ {+*Leerzeichen/Tabulator*}
- („Kurztitel“ [Intern], „Jahr“):
- „Vollständiger Titel der Präsentation“,
- präsentiert von „Vornameninitial“. „Name“ („Funktion/Position“).
- Datei verfügbar unter: {<„Intranet-URL“>|< „Pfadangabe“>}, Zugriff am: „Datum“.

Typische Probleme und Lösungsansätze zu dieser Quelle:

- Der Urheber der Präsentation ist nicht zweifelsfrei feststellbar, auch das Datum der Präsentationserstellung ist unklar. Kann die Quelle trotzdem verwendet werden? Lösung: Nein. Die Quelle ist nicht zitierwürdig.

12. Projektauftrag

Der Projektauftrag ist ein Dokument, mit dessen Unterzeichnung ein Projekt formal initiiert wird. Das Dokument enthält Angaben zum Projekt, seinem Namen, der Ausgangssituation sowie den Projektzielen und weitere Rahmenbedingungen, soweit sie in diesem Moment schon bekannt sind. Der Projektauftrag ist immer schriftlich gefasst. Er stellt die Grundübereinkunft zum Projekt zwischen Auftraggeber (Unternehmen) und internem Auftragnehmer (Projektleiter) dar. Entsprechend ist er intern in z. B. nummerierte Sektionen gegliedert und wird mit Datumsangabe unterzeichnet.

Praxisbezogene Abschlussarbeiten, die als Projekt im Unternehmen durchgeführt werden, sind auf diese Informationen angewiesen: Immerhin gibt der Projektgeber im Projektauftrag den Fokus und somit auch die Grenzen der Abschlussarbeit vor. Die Zitierwürdigkeit kann daher angenommen werden.

Für die Zitierfähigkeit sind die Angaben aus dem Projektauftrag ausreichend:

Beispiel: Projektauftrag

In der Fußnote steht bei erweitertem Kurzzitat beispielhaft:

[2] Vgl. Metallbau Walger GmbH, Projektauftrag Evaluation HR-Abteilung [Intern], 2016, Ziffer 1.

Im Quellenverzeichnis lautet der Eintrag:

Metallbau Walger GmbH (Projektauftrag Evaluation HR-Abteilung [Intern], 2016): Evaluation von Erfolgsfaktoren der HR-Abteilung und Ableitung von optimierenden Handlungsempfehlungen, Projektauftrag unterzeichnet von B. Walger (Geschäftsführer), 01.03.2016.

Allgemeines Schema zur vollständigen Nennung im Quellenverzeichnis:

- „Firma oder Organisationsname“ {+*Leerzeichen/Tabulator*}
- („Kurztitel“ [Intern], „Jahr“):
- „Vollständiger Projektname“,
- Projektauftrag unterzeichnet von „Vornameninitial“. „Name“ („Funktion/Position“), „Datum“ {.|,}
- {ggf. „Ort des Unternehmenssitzes“.}

Typische Probleme und Lösungsansätze zu dieser Quelle:

- Was macht man, wenn für das eigene Projekt kein Auftrag formuliert wurde? Lösung: In diesem Fall sollten Sie selbst ein Projektauftragsformular erstellen, die Ihnen bekannten Daten und Informationen eintragen und Ihre vorgesetzte Stelle bzw. den Projektauftraggeber um Unterzeichnung bitten. Verdeutlichen Sie, dass Sie dieses Dokument in Ihrer Arbeit zitieren wollen und daher einen formellen Auftrag benötigen.

13. Prozessdiagramm

Mit einem Prozessdiagramm werden Arbeitsabläufe und deren Abfolge visualisiert. Prozessdiagramme ergänzen daher oftmals die auch in diesem Kapitel besprochenen Verfahrensanweisungen, sie können diese aber auch ersetzen und stehen dann alleine.

Ist ein zu zitierendes Prozessdiagramm Teil einer Verfahrensanweisung, so zitieren Sie wie bei „Verfahrensanweisung" angegeben. Ist es Teil eines Organisations- oder Managementhandbuches, so zitieren Sie wie unter „Handbücher" angegeben. Hintergrund ist, dass in beiden Fällen ein formal gut zitierfähiger „Container" um das Dokument existiert.

Für den Fall, dass es sich um ein einzelnes Prozessdiagramm handelt, sind zunächst die verfügbaren Daten zum Dokument zu prüfen: Urheber und dessen Funktion/Position, Versions- oder Datumsangabe der Erstellung und Gültigkeit sowie die Lokalisation des genauen Auffinde- bzw. Speicherortes. Sind dazu keine Angaben möglich, ist das Diagramm nicht zitierfähig.

Liegen alle Daten vor, zitiert man das Prozessdiagramm wie in folgendem Beispiel:

Beispiel: Prozessdiagramm

In der Fußnote steht bei erweitertem Kurzzitat beispielhaft:

[2] Vgl. Metallbau Walger GmbH, Lieferantenauswahlprozess [Intern], 2016.

Im Quellenverzeichnis lautet der Eintrag:

Metallbau Walger GmbH (Lieferantenauswahlprozess [Intern], 2016): Lieferantenauswahlprozess der Walger GmbH, erstellt von N. Huber (Leiter Einkauf), gültig ab 01.03.2016. Datei verfügbar unter: <G:\Users\Shared\Einkauf\lieferantenausw.vsd>, Zugriff am: 11.03.2016.

Allgemeines Schema zur vollständigen Nennung im Quellenverzeichnis:

- „Firma oder Organisationsname" {+*Leerzeichen/Tabulator*}
- („Kurztitel" [Intern], „Jahr"):
- „Vollständiger Titel des Prozessdiagramms",
- erstellt von „Vornameninitial". „Name" („Funktion/Position"), gültig ab „Datum".
- Datei verfügbar unter: {<„Intranet-URL">|<„Pfadangabe">}, Zugriff am: „Datum".

14. Rundschreiben

Rundschreiben dienen dazu, einen zumeist größeren, aber definierten internen Adressatenkreis auf einen gemeinsamen, verbindlichen Kenntnisstand zu bringen. Dazu wird der Inhalt des Rundschreibens in identischer Kopie mehrfach in der Organisation verteilt und nach festgelegten Umlaufplänen zirkuliert.

Urheber sind entweder hierarchisch hochrangige oder spezialisierte Stellen. Im ersten Fall kann dies in einem Unternehmen die Geschäftsführung sein, die beispielsweise über eine neue Geschäftsinitiative informiert oder auf die Geltung einer bestimmten Regelung hinweist. Im zweiten Fall kann dies z. B. die interne IT sein, die eine Regelung verbindlich bekannt machen möchte. Die Verantwortlichen eines Rundschreibens unterzeichnen dies persönlich, so dass der Urheber feststeht.

Für die Zitierfähigkeit kommt uns entgegen, dass Rundschreiben wie ein Geschäftsbrief einen Betreff im Kopfbereich benennen, datiert sind und zudem in den meisten Organisationen jahresweise fortlaufend nummeriert sind (z. B. „Nr. XIII/2016).

Mit diesen Angaben kann die Zitierfähigkeit hergestellt werden:

Beispiel: Rundschreiben

In der Fußnote steht bei erweitertem Kurzzitat beispielhaft:

[2] Vgl. Metallbau Walger GmbH, Rundschreiben Compliance [Intern], 2016.

Im Quellenverzeichnis lautet der Eintrag:

Metallbau Walger GmbH (Rundschreiben Compliance [Intern], 2016): Zur Anwendung der Compliance-Grundsätze unseres Unternehmens, in Umlauf gegeben von B. Walger (Geschäftsführer), Rundschreiben-Nr. 18/2015 vom 04.12.2015.

Allgemeines Schema zur vollständigen Nennung im Quellenverzeichnis:

- „Firma oder Organisationsname“ {+*Leerzeichen/Tabulator*}
- („Kurztitel“ [Intern], „Jahr“):
- „Vollständiger Betreff des Rundschreibens“,
- in Umlauf gegeben von „Vornameninitial“. „Name“ („Funktion/ Position“),
- Rundschreiben-Nr. „Nummer“ vom „Datum“.

15. Verfahrensanweisung

Die Verfahrensanweisung hat einen ähnlichen Zweck wie die Arbeitsanweisung: Sie regelt durch verbindliche Vorgaben die Art und Weise der Aufgabenerfüllung. Anders als die Arbeitsanweisung bezieht sich die Verfahrensanweisung jedoch nicht auf einen Arbeitsplatz, sondern auf einen Prozess, der verbindlich geregelt wird.

Verfahrensanweisungen sind auf Grund ihres generellen Charakters schriftlich geregelt. Sofern sie einen Freigabeprozess durchlaufen haben, sind sie sehr gut als Beleg verwendbar.

Beispiel: Verfahrensanweisung

In der Fußnote erfolgt ein sinngemäßer Verweis auf die Quelle, S. 1, wie folgt:

> Vgl. Metallbau Walger GmbH, Verfahrensanweisung Lieferantenwahl [Intern], 2016, S. 1.

Im Quellenverzeichnis erfolgt die vollständige Nennung der Quelle:

> Metallbau Walger GmbH (Verfahrensanweisung Lieferantenwahl [Intern], 2016): Verfahrensanweisung zur Prüfung und Auswahl von Lieferanten, Dokument BB-ABC-34, München, erstellt von N. Huber (Leiter Einkauf) am 10.11.2015, freigegeben von B. Walger (Geschäftsführer) am 10.11.2015, veröffentlicht am 8.1.2016 im QM-Handbuch, Version 2.0.

Allgemeines Schema zur vollständigen Nennung im Quellenverzeichnis:

- „Firma oder Organisationsname" {+*Leerzeichen/Tabulator*}
- („Kurztitel" [Intern], „Jahr"):
- „Vollständiger Titel der Verfahrensanweisung",
- {Dokumentbezeichnung,}
- erstellt von „Vornameninitial". „Name" („Funktion/Position") am „Datum",
- freigegeben von „Vornameninitial". „Name" („Funktion/Position") am „Datum",
- veröffentlicht am „Datum" im „Container".

V. Praktische Tipps für die Arbeit mit internen Quellen

Die vertrauliche Behandlung firmeninterner Daten ist für die Unternehmen naturgemäß von besonderer Relevanz. Studierende, die als Mitarbeiter eines Unternehmens dort ihre Projekt- oder Abschlussarbeit erstellen, sind durch den Arbeitsvertrag zu einer vertraulichen Behandlung von internen Dokumenten verpflichtet.[116]

Trotzdem können aus der Verwendung interner Dokumente in der wissenschaftlichen Arbeit Probleme erwachsen:

- Betreuer und Gutachter der Arbeit haben keinen Vertrag mit dem Unternehmen, der sie auf die Geheimhaltung vertraulicher Firmeninterna verpflichtet.
- Die Arbeit kann nach Begutachtung in der Hochschulbibliothek auftauchen und dort von Dritten eingesehen werden.

---

116 Vgl. Sicking, Betriebsgeheimnisse [Online], 2010.

- Werden die internen Informationen in einem persönlichen Gespräch gegeben und wird dieses verdeckt aufgezeichnet, ist die Verwendung der Quelle unter Umständen strafbar.
- Das eigenmächtige Archivieren firmeninterner Unterlagen und deren Entnahme aus dem Betrieb können als Verrat von Betriebsgeheimnissen gesehen werden und Folgen bis zur außerordentlichen Kündigung haben.

Die genannten Probleme lassen sich allesamt vermeiden, wenn Studierende frühzeitig mit allen Beteiligten offen kommunizieren und ggf. rechtliche Zusatzvereinbarungen treffen. Die Möglichkeiten dazu werden im Folgenden erläutert:

1. Vertraulichkeitserklärung diskutieren

Betreuer sowie Gutachter der Hochschule stehen mit dem projektgebenden Unternehmen in keinem direkten Rechtsverhältnis. Daher existiert keine die Geheimhaltung betreffende Regelung für die genannten Personengruppen auf individualrechtlicher Basis. Für das Unternehmen ist dies ein Risiko, denn Betreuer/Gutachter könnten die ihnen durch die Arbeit zur Kenntnis gebrachten Informationen weiterverbreiten.

Aus Sicht der Unternehmen empfiehlt sich eine sog. **Geheimhaltungsvereinbarung** oder auch **Vertraulichkeitserklärung**, die **vom Betreuer/Gutachter zu unterzeichnen** ist. Dieses, im Englischen auch als **Non-Disclosure-Agreement (NDA)** bezeichnete Dokument regelt, dass die unterzeichnende Person firmeninterne Informationen, von denen sie im Zusammenhang mit der Erstellung, Betreuung oder Begutachtung der Arbeit Kenntnis erlangt, geheim hält, Dritten nicht zugänglich macht und nicht über das zur Betreuung der Arbeit erforderliche Maß hinaus verwendet.

Der Begriff der internen Information wird von den Unternehmen erwartungsgemäß allumfassend gebraucht: Es werden z. B. Informationen über technische Verfahren, technische Problemstellungen, Konstruktionsunterlagen, Fertigungseinrichtungen sowie allgemein Geschäftsvorgänge in solchen Vereinbarungen explizit genannt.

Ein **nachgewiesenes vertragswidriges Verhalten** kann eine **Schadensersatzpflicht** auslösen. Seien Sie sich also bewusst, dass die Vertraulichkeitserklärung ein **persönliches Rechts- und Vermögensrisiko** für Ihren Betreuer/Gutachter darstellt.[117] Vorlagen für eine Geheimhal-

[117] Auch wenn keine Informationen weitergegeben wurden, kann der Verdacht der Weitergabe zunächst zu einem Rechtsstreit führen.

tungsvereinbarung erhalten Sie in der Rechts- oder Personalabteilung des projektgebenden Unternehmens.[118]

Tipp

Klären Sie die Notwendigkeit eines Non-Disclosure-Agreements (NDA) möglichst frühzeitig mit dem Projektgeber. Versuchen Sie, ohne NDA auszukommen.

Gelingt dies nicht, besprechen Sie das Thema vor Beginn der eigentlichen Betreuung mit Ihrem Betreuer/Gutachter.

Eine **Alternative** zur persönlich von Betreuern/Gutachtern zu unterzeichnenden Geheimhaltungsvereinbarung ist der **Sperrvermerk**.

2. Sperrvermerk in der wissenschaftlichen Arbeit

Ein **Sperrvermerk verpflichtet** die **Hochschule** zu einem bestimmten Umgang mit der eingereichten Arbeit. Zum Beispiel wird darin geregelt, dass die Arbeit für die Öffentlichkeit unzugänglich bleibt oder dieser erst nach Ablauf einer bestimmten Frist zur Verfügung gestellt werden darf.[119]

Ein Sperrvermerk muss bei der Hochschule vorab beantragt und genehmigt werden. Der Antrag hat sich auf eine konkrete Arbeit zu beziehen (z. B. Bachelor-Thesis mit dem Titel „…") und eine Begründung zu nennen („Die Arbeit wird vertrauliche Daten der XY GmbH enthalten."). Zuständig für die Entscheidung über den Antrag ist im Normalfall der Prüfungsausschuss.

Da beim Sperrvermerk die Hochschule – und nicht wie bei der Geheimhaltungserklärung/NDA der Betreuer/Gutachter – die Vertraulichkeit zusichert, ist der Sperrvermerk weitaus unproblematischer für Betreuer und Gutachter zu akzeptieren.

Der Sperrvermerk wird nach dem Titelblatt der Arbeit und vor dem Inhaltsverzeichnis der Arbeit eingefügt.[120] In etwa hat der Sperrvermerk folgenden Wortlaut:

Beispielformulierung Sperrvermerk

Diese wissenschaftliche Arbeit mit dem Titel: „*(Titel)*" enthält interne vertrauliche Daten der *(Firmenname)*. Sie ist nur den Erst- und Zweitgutachtern sowie ggf. dem Prüfungsausschuss zugänglich zu machen.

[118] Vgl. Schmidt, Abschlussarbeit, 2013, S. 81.
[119] Vgl. Theisen, Wissenschaftliches Arbeiten, 2017, S. 217.
[120] Vgl. Heesen, Wissenschaftliches Arbeiten, 2014, S. 45 f.

> Veröffentlichungen und Vervielfältigungen der Arbeit oder ihre Weitergabe – im Gesamten oder in Teilen – sowie das Anfertigen von Kopien oder Abschriften – auch in digitaler Form – sind grundsätzlich untersagt.
>
> Die Arbeit darf weder als gebundenes Exemplar noch in digitaler Fassung in die Bibliothek der Hochschule eingestellt werden.
>
> Ausnahmen bedürfen der vorherigen schriftlichen Genehmigung der *(Firmenname)*.
>
> Dieser Sperrvermerk wurde mit Antrag an den Prüfungsausschuss der Hochschule durch diesen am *(Datum)* genehmigt.

Das Formular für den Antrag auf Genehmigung eines Sperrvermerks erhalten Sie über das Prüfungssekretariat Ihrer Hochschule. Dort können Sie auch den genauen Wortlaut für den Sperrvermerk erfragen.

3. Vertraulichkeit persönlicher Kommunikation beachten

Eventuell erhalten Sie firmeninterne Daten durch persönliche Gespräche oder persönliche schriftliche Kommunikation (E-Mail) mit Mitarbeitern und Firmenvertretern. Es ist fraglich, ob den Informationsgebern stets bewusst war, dass sie für Daten in einer wissenschaftlichen Arbeit als „Quelle" zitiert werden würden?

- Das deutsche Strafrecht schützt mit § 201 StGB die Vertraulichkeit des Wortes: Die unbefugte technische Aufnahme (Informationskonservierung) und Weiterverbreitung mündlicher Äußerungen (Informationshehlerei), die an Sie gerichtet und eben nicht für eine allgemeine Öffentlichkeit bestimmt waren, ist verboten.[121] Denken Sie hier an Betriebsinterna und Firmengeheimnisse, die per Definition nicht für eine abstrakte und vorab nicht festzulegende Leserschaft bestimmt sind.
- Schriftliche Kommunikation, die an Sie gerichtet war, ist unproblematischer. Diese können Sie rechtlich gesehen zunächst verwenden, ohne dass der Urheber der Kommunikation dies beanstanden könnte. Dies ändert sich, wenn es sich um Betriebs- oder Geschäftsgeheimnisse handelt, die Sie unbefugt verwerten und Sie (etwa durch den Arbeitsvertrag) jedoch zur Geheimhaltung verpflichtet sind (§ 203 StGB).

Eine klare Kommunikation über den Anlass und Hintergrund des Gesprächs/Interviews oder der schriftlichen Anfragen helfen im Vorfeld, diese Probleme zu vermeiden. Schützen Sie sich zudem selbst und dokumentieren Sie die Art und Weise der Informationserhebung und die Zustimmung der Beteiligten dazu genau – es könnte ja sein, dass

[121] Vgl. Sonnen, Strafrecht, 2005, S. 82.

ein Informationsgeber zu einem späteren Zeitpunkt seine „Offenherzigkeit" bereut.

Tipp

Bei einem Interview sollten Sie zu Beginn den Gesprächszweck und die technische Aufnahme explizit ansprechen und dies in der laufenden Aufnahme dokumentieren. Als Beispiel kann die folgende Einleitung dienen:

> „Vielen Dank, dass Sie sich die Zeit nehmen, mir als *Expertin/Experte* zur Verfügung zu stehen für einige Fragen, die sich bei der Erstellung meiner Abschlussarbeit ergeben haben. Es freut mich sehr, dass ich Sie dazu zitieren darf. Der Einfachheit halber möchte ich das Gespräch mit diesem *Handy/Voice Recorder/Diktafon* aufzeichnen, dann können wir uns voll auf das Gespräch konzentrieren. Sind Sie damit einverstanden?"

Daneben hat es sich auch für die Validität einer Quelle bewährt, eine auf das Wesentliche gestraffte Abschrift des Interviews bzw. des Kommunikationsvorgangs dem Informationsgeber zukommen zu lassen und um seine Unterschrift als Zeichen der Autorisierung zu bitten.

4. Archivierung nur mit Wissen des Unternehmens

In diesem Buch wurde Ihnen empfohlen, von Datenquellen, die Eingang in Ihre Arbeit finden, eine Archiv-Kopie anzufertigen, damit die Quelle der Arbeit beigefügt oder auf Verlangen den Gutachtern zugänglich gemacht werden kann.

Informieren Sie davon vor Beginn der Materialsammlung Ihre vorgesetzte Stelle und dokumentieren Sie dies. Andernfalls könnte der Verdacht des Verrats von Betriebs- und Geschäftsgeheimnissen, § 17 Absatz 2 UWG, auf Sie fallen: Wer sich unbefugt eine „verkörperte Wiedergabe des Geheimnisses", sprich Kopie, sichert, kann bestraft werden, wenn er dies aus Eigennutz betreibt oder die Weitergabe der Kopie plant. Eigennutz liegt bereits vor, wenn Sie sich einen Vorteil (Kopie) verschaffen und dabei die berechtigten Interessen Dritter (Schutz der Betriebs- und Geschäftsgeheimnisse) übergehen.

Selbst wenn Sie darlegen können, wofür Sie die Kopie benötigen, enthält vermutlich alleine der Weg dorthin unschöne Passagen.

Tipp

Weisen Sie Ihre vorgesetzte Stelle im Unternehmen frühzeitig darauf hin, dass Sie gehalten sind, von zitierten Datenquellen Kopien anzufertigen. Dokumentieren Sie das Einverständnis. Falls dieses nicht pauschal gegeben wird, unterbreiten Sie den Vorschlag, dass kopierte Datenquellen vor Entnahme aus dem Betrieb gemeinsam gesichtet und für die Zitation irrelevante Stellen geschwärzt werden.

G. Unterstützung durch Literaturverwaltungsprogramme

Literaturverwaltungssoftware ist der Oberbegriff für Programme und Apps, die eingesetzt werden, um Quellen zu verwalten, zu recherchieren und im Sinne eines Zitierstils konsistent anzuwenden. Diese Hilfsprogramme verfügen üblicherweise über eine Verknüpfung zu Textverarbeitungsprogrammen wie z. B. Microsoft Word und können dort Verweise und Quellenverzeichnisse generieren.

Es existiert eine Vielzahl von Literaturverwaltungsprogrammen. Die folgenden Ausführungen stellen zunächst die drei populären Anwendungen Citavi, EndNote und Zotero vor. In der Folge wird dann speziell auf die Arbeit mit Citavi eingegangen. Für Citavi ist der in diesem Buch vorgestellte Zitierstil als Plug-In bzw. Erweiterung verfügbar. Die Downloadadresse und Installationshinweise sind im Text enthalten.

Tipp

Sie können alle in diesem Buch gegebenen Zitierhinweise auch ohne den Gebrauch einer Literaturverwaltungssoftware korrekt umsetzen. Literaturverwaltungen sind ein Hilfsmittel, in das man sich wie bei jeder neuen Software einarbeiten muss. Der Aufwand einer Einarbeitung und der Nutzen des Gebrauchs sollten daher stets individuell gegeneinander abgewogen werden.

I. Ausgewählte Literaturverwaltungen im Vergleich

Die Wahl des richtigen Literaturverwaltungsprogrammes ist nicht einfach. Etwa zehn bekanntere Produkte buhlen um die Aufmerksamkeit des Anwenders. Sie haben jeweils individuelle Anwendungsszenarien und damit verbundene Stärken und Schwächen. Naheliegend ist es, Auswahlentscheidungen so zu treffen, dass die Software mit einem vorhandenen Betriebssystem zusammenarbeitet und die verwendete Textverarbeitung unterstützt. Fortgeschrittene Überlegungen beziehen die Möglichkeiten zur Literaturrecherche, -verwaltung sowie die Optionen zur Anpassung von Zitierstilen mit ein. Zuletzt ist der Preis des Literaturverwaltungsprogrammes eine nicht unwesentliche Determinante.

Im Folgenden werden die drei Anwendungsprogramme Citavi, EndNote und Zotero detaillierter vorgestellt. Sie wurden unter allen Anbietern gewählt, da sie unter Windows ausführbar sind, eine deutsche Benutzeroberfläche bieten und – wenn auch mit ggf. begrenzter Funktionalität – kostenfrei getestet bzw. dauerhaft genutzt werden können. Einen weitergehenden Vergleich unter Einbeziehung zusätzlicher Anbieter bietet die TU München, von der auch die folgenden Detailinformationen übernommen sind:[122]

- Citavi bietet neben den grundlegenden Funktionen umfangreiche Möglichkeiten zur Wissensorganisation und lässt sich einfach bedienen. Es eignet sich sowohl für Einsteiger als auch für Profis. Über 8.600 vorgefertigte Zitierstile und 35 vordefinierte Dokumententypen sowie die Möglichkeit des einfachen Imports von bibliografischen Daten sind nur einige der Vorzüge des Programmes. Nachteilig ist, dass man keine weiteren Dokumententypen selbst definieren kann. Da sich allerdings Datenfelder bestehender Dokumententypen umbelegen lassen, lässt sich dieses Manko teilweise kompensieren.
- EndNote ist ein kommerzielles Programm. Es bietet beinahe unbegrenzte Möglichkeiten zur Literaturverwaltung und Zitation. Auf Grund der sehr technischen Benutzeroberfläche benötigen Anwender eine gewisse Einarbeitungszeit. Dann stehen jedoch über 500 Zitierstile direkt zur Verfügung, weitere ca. 5.500 können nachinstalliert werden. 51 Dokumententypen decken eine breite Art von Quellen ab. In geringem Umfang können auch Dokumententypen neu definiert werden.
- Für Studienanfänger mit kleinen Literatursammlungen eignet sich die kostenfreie Webversion von Zotero. Diese lässt sich intuitiv bedienen und ist auf allen Betriebssystemen anwendbar. Allerdings sind Recherchen in Datenbanken nicht wie bei den erstgenannten Produkten möglich und die Gliederungs- und Sortiermöglichkeiten sind sehr einfach gehalten. 33 Dokumententypen werden unterstützt und können in 11 Basis-Zitierstilen ausgegeben werden. Wie bei den beiden anderen Programmen auch, können individuelle Zitierstile aus dem Internet nachinstalliert werden.

Viele Hochschulen empfehlen und lizensieren die Nutzung von Citavi, da die Software bei der Recherche, der Organisation von Quellen und auch bei der Zitation unterstützt. Über eine Online-Recherche-Funktion innerhalb der Anwendung kann auf die Bestände zahlreicher Datenbanken, Kataloge und Bibliotheken zugegriffen werden. Re-

[122] Für einen ausführlichen Vergleich zwischen den genannten und weiteren Programmen siehe: Technische Universität München, Vergleich Literaturverwaltungsprogramme [Online], 2018.

chercheergebnisse werden dann nach Wunsch direkt als Quelle aufgenommen. Liegt die ISBN zu einem Buch vor, so kann Citavi weitere Informationen wie Titel, Autor, Verlag und Jahr automatisch aus dem Internet auslesen und in die passenden Felder der Datenbank übernehmen. Elektronische Quellen in Form von PDFs lassen sich komfortabel per „Drag & Drop" erfassen und über einen integrierten PDF-Reader bearbeiten.

Die weiteren Ausführungen beziehen sich auf Citavi. Citavi gibt es als kostenlose, zeitlich unbeschränkte Testversion mit voller Funktionalität. Die Einschränkung zur Vollversion ist, dass je Projekt nur bis zu 100 Quellen aufgenommen werden. Ein Projekt ist z. B. eine Seminararbeit. Wer mehr Quellen verwalten will, benötigt die Vollversion. Studierende sollten prüfen, ob die Hochschule eine sog. Campuslizenz besitzt. Dann kann Citavi auch als Vollversion für Studierende kostenlos genutzt werden.

Tipp
Der Download von Citavi erfolgt über die Webseite: https://www.citavi.com/de/download

II. Citavi für Zitieren 2.0 nutzen

Die weiteren Ausführungen gehen davon aus, dass Sie Citavi Version 5 installiert haben. Eine allgemeine Kurzeinführung in Citavi finden Sie auf der Webseite von Citavi.[123]

Im Folgenden werden die Funktionen beschrieben, die zu einer Nutzung von Citavi mit erweitertem Kurzbeleg und den in diesem Buch beschriebenen Zitiervorgaben erforderlich sind.

1. Zitierstil „Zitieren 2.0 (Träger)" installieren

Auf der Internetseite „http://www.dr-traeger.de/" finden Sie in der Rubrik „Download" zwei Dateien, die Sie zunächst lokal auf Ihrem Computer speichern:

- „Zitieren 2.0 Traeger.ccs" und
- „Quellenverzeichnis Zitieren 2.0.ctvbgd"

Die erste Datei mit der Endung „.ccs" ist der Citavi-Zitationsstil zu „Zitieren 2.0". Sie muss von Ihnen in Ihr persönliches Benutzer-

[123] Swiss Academic Software GmbH, Citavi Kurzeinführung [Online], 2016.

verzeichnis im Verzeichnis „Dokumente“ in dem dortigen Ordner „\Citavi 5\Custom Citation Styles“ abgelegt werden.[124] Sobald die Datei dort gespeichert ist, wird der Zitierstil von Citavi erkannt.

Im Citavi-Menü „Zitation > Zitierstile“ wird er Ihnen als „Zitieren 2.0 (Träger)“ angezeigt und kann per Klick ausgewählt werden. Ein Häkchen vor dem Zitierstil zeigt die aktuelle Auswahl an.

Die zweite Datei mit der Endung „.ctvbgd“ enthält Informationen zum Aufbau des Quellenverzeichnisses. Sie kann zunächst an einem beliebigen Ort abgespeichert werden. Um die Datei zu aktivieren, wählen Sie im Citavi-Menü: „Zitation > Literaturverzeichnis gruppieren > Gruppierung erstellen/bearbeiten“ und dann im sich öffnenden Fenster „Importieren“. Suchen Sie die Datei „Quellenverzeichnis Zitieren 2.0.ctvbgd“ und bestätigen Sie Ihre Wahl.

Die Gruppierung „Quellenverzeichnis Zitieren 2.0“ steht Ihnen nun zur Verfügung. Damit kann Citavi automatisch ein Quellenverzeichnis in die Bereiche „Printquellen“, „Onlinequellen“ und „Unveröffentlichte Firmenquellen“ gruppieren.

Sie können die gerade gewählten Zitiervorlagen jederzeit wieder entfernen bzw. deaktivieren. Die Grundinstallation von Citavi wird dadurch nicht beeinträchtigt.

2. Ein neues Projekt anlegen

Zu Beginn jeder wissenschaftlichen Arbeit empfiehlt es sich, ein neues Projekt in Citavi anzulegen. Dies gelingt über das Citavi-Startfenster. Öffnen Sie nun dieses Projekt, so gelangen Sie zur Benutzeroberfläche von Citavi, die in Abbildung 2 dargestellt ist. Wird im Menü „Ansicht“ der Befehl „Gruppen als Spalte einblenden“ betätigt, so öffnet sich ein Arbeitsbereich, der in folgender Abbildung mit der Nummer 1 gekennzeichnet ist. Darin können neue Gruppen angelegt werden, wobei Citavi unter einer Gruppe ein Ordnungsmittel für Quellen versteht.

Im Arbeitsbereich Nummer 2 der Abbildung werden alle bereits angelegten Quellen angezeigt. Die Eingabefelder befinden sich im Reiter „Titel“, der mit der Ziffer 3 gekennzeichnet ist. Optional kann ein Fenster (Ziffer 4) zur Vorschau einer Quelle eingeblendet werden. Dies ist insbesondere bei der Aufnahme von PDF-Dokumenten sinnvoll.

---

[124] Der vollständige Pfad lautet bei einer deutschen Betriebssystemversion dann z. B. „C:\Benutzer\Ihr Name\Dokumente\Citavi 5\Custom Citation Styles\“.

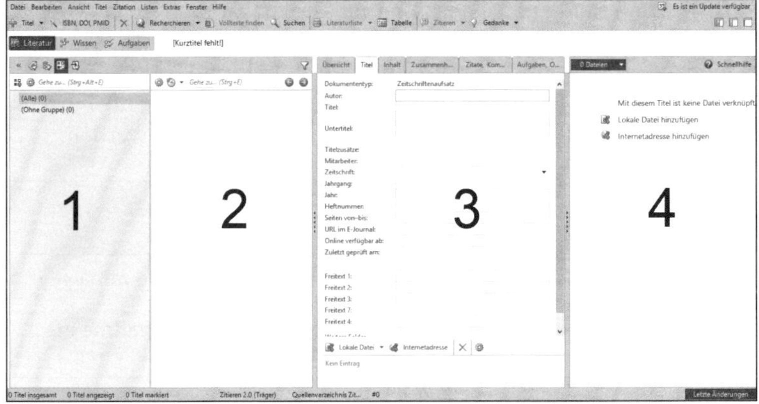

Abbildung 2: Benutzeroberfläche von Citavi

3. Quellen in Citavi aufnehmen und ergänzen

Quellen lassen sich manuell, über den Citavi-Picker, per ISBN oder mit der Online-Recherche-Funktion hinzufügen. Der Button „Recherchieren" in der Menüleiste öffnet die Online-Recherche. Dort können Printquellen wie Bücher und Zeitschriften bzw. Journals gefunden und durch Ankreuzen direkt als Quellen in Citavi aufgenommen werden. Haben Sie eine ISBN bereits vorliegen, so lässt sich diese über den Button „ISBN, DOI, PMID" eingegeben.

Bei Bestätigung füllen sich die Felder im dritten Fenster automatisch mit Informationen. Diese sind in jedem Fall nochmals zu überprüfen. Außerdem muss bei jeder Art von Quelle in das Feld „Titelzusatz" ein Kurztitel, der später in der Fußzeile erscheint, manuell eingetragen werden. Bei Beiträgen aus Sammelwerken ist zu beachten, dass zunächst das Sammelwerk als Quelle aufgenommen und dann im dritten Fenster auf „Beitrag hinzufügen" geklickt werden muss.

Um Webseiten und PDF-Dokumente in das Projekt zu übernehmen, kann auch der Citavi-Picker verwendet werden. Die Aktion „Webseite als Titel aufnehmen" befindet sich im Kontextmenü, das mit der rechten Maustaste auf den Browser bzw. auf ein Dokument geöffnet wird.[125]

Über den Button „Titel" im Citavi-Menüband lassen sich Quellen manuell hinzufügen. Diese Funktion eignet sich bei der Integration von Onlinequellen und unveröffentlichten Firmenquellen.

Auf Grund der unveränderlichen Dokumententypen in Citavi sind neben Büchern, E-Books und Zeitschriften lediglich die in Tabelle 10

125 Vgl. Swiss Academic Software GmbH, Citavi Handbuch [Online], 2018.

aufgeführten Medientypen im Zitationsstil zu Zitieren 2.0 abgedeckt. Die Spalte „Weitere Felder“ gibt an, welche Felder zusätzlich zu grundlegenden Informationen wie beispielsweise Titel und Autor ausgefüllt werden müssen. Beim Dokumententyp Internetdokument muss im Feld Herausgeber das Wort „(Hrsg.)“ von Hand ergänzt werden.

Quelle	**Dokumententyp**	**Weitere Felder (FT = Freitext)**
Audio	Ton- oder Filmdokument	Titel: Audio-Stream vom „dd.mm.yyyy“ FT 1: „Online oder Intern“ FT 2: „Zeitpunkt der Bezugnahme in mm:ss“ Min.
Blogeintrag	Internetdokument	FT 1: Blogeintrag
E-Book ohne ISBN	Internetdokument	FT 1: Version: „dd.mm.yyyy“, „Verlag“, „Ort“, „Jahr“
E-Mail	Persönliche Mitteilung	FT 1: „Stellenbeschreibung Absender“, „E-Mail“ FT 2: „Stellenbeschreibung Empfänger“, „E-Mail“ FT 3: „Absendeuhrzeit der Mail“ Uhr FT 4: „Kurztitel“
Fachlexikon aus Internet	Internetdokument	FT 1: Version „Nummer“, Eintrag im „Name des Lexikons“
Fachzeitschrift ohne PDF	Internetdokument	FT 1: in: „Name des Heftes“, „Heftnummer“, „Jahr“, S. „Seiten von bis“
Forum	Internetdokument	FT 1: Posting Nr. „Nummer des Postings“ vom „dd.mm.yyyy, hh:mm:ss“ Uhr
Interview	Interviewmaterial	Titelzusatz: Interview vom „dd.mm.yyyy“ FT 1: „Online oder Intern“ FT 2: „Stellenbezeichnung Interviewter“ FT 3: „Zeitpunkt d. Bezugnahme (mm:ss)“ Min. *oder* Absatz
Rede	Vortrag	–
Twitter	Internetdokument	FT 1: Twitternachricht gesendet als „@Pseudonym“ am „dd.mm.yyyy, hh:mm:ss“ Uhr

Video	Ton- oder Filmdokument	Titel: (YouTube-)Video, veröffentlicht am „dd.mm.yyyy" FT 1: „Online oder Intern" FT 2: „Zeitpunkt der Bezugnahme in mm:ss" Min.
Webseite	Internet-dokument	FT 1: „Weitere Informationen zur Webseite"

Tabelle 10: Medientypen in Citavi und weitere Feldangaben

4. Umgang mit nicht-unterstützten Quellen

Nicht-unterstützte Medientypen können dennoch in Citavi aufgenommen werden. In einem solchen Fall wird der Quelle der Citavi-Dokumententyp „Unklarer Dokumententyp" zugewiesen. In das Feld „Freitext 1" wird der vollständige Inhalt der Fußzeile, in „Freitext 2" der vollständige Inhalt des Literaturverzeichniseintrags in der korrekten Zitierweise eingetragen.

Die Möglichkeit einer Verwaltung in Citavi als „Unklarer Dokumententyp" kann auch genutzt werden, wenn ein eigentlich abgedeckter Medientyp beim Zitieren Probleme macht. Alternativ können die Fußnote und der Eintrag im Literaturverzeichnis direkt im Dokument ergänzt werden. Dabei muss jedoch beachtet werden, dass sich das Literaturverzeichnis bei jedem Hinzufügen einer neuen Quelle aktualisiert und manuell hinzugefügte Daten gelöscht werden. Die fehlenden Einträge müssten also nach Fertigstellung des Dokuments hinzugefügt werden. Die Nutzung des „Unklaren Dokumententyps" hat den Vorteil, dass die nicht abgedeckten Quellen bei mehrfachem Zitieren trotzdem nur einmal angelegt werden müssen. Außerdem werden diese wie alle anderen Publikationen im Quellenverzeichnis aufgeführt und aktualisiert.

5. Quellen zu Gruppen zuordnen

Um ein gruppiertes Quellenverzeichnis zu erstellen, müssen die Quellen zunächst in Gruppen eingeteilt werden (Abbildung 3). Legen Sie in dem oben mit der Ziffer 1 gekennzeichneten Arbeitsbereich die folgenden drei Gruppen an:

- Printquellen
- Onlinequellen
- Unveröffentlichte Firmenquellen

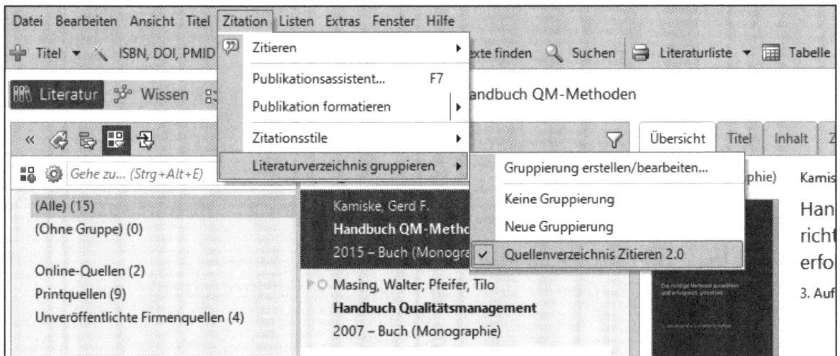

Abbildung 3: Gruppierung der Quellen

Die Gruppen müssen exakt so heißen, wie die in der Datei „Quellenverzeichnis Zitieren 2.0“ aufgeführten Gruppierungen. Sonst kann Citavi später das Quellenverzeichnis nicht automatisch gruppieren und sortieren.

Die im vorherigen Schritt angelegten Quellen werden nun per „Drag & Drop“ mit der Maus den einzelnen Gruppen zugeordnet. Ein Buch als Quelle wird zum Beispiel auf die Gruppe „Printquellen“ gezogen. Die damit erstellte Verknüpfung signalisiert Citavi, dass bei der abschließenden Erstellung des Quellenverzeichnisses dieses Buch unter den Printquellen gelistet werden soll.

6. Zusammenarbeit mit Microsoft Word

Bei der Installation von Citavi wird üblicherweise das Word Add-In mit installiert. Klickt man in Word auf den neuen Reiter „Citavi“, erscheint ein Menüband mit weiteren Optionen. Mit dem Feld „Aufgabenbereich“ öffnet sich links ein Fenster, in welchem ein Projekt mit dem aktuell in Word geöffneten Dokument verknüpft werden kann.

Die bereits hinzugefügten Quellen werden nun im Fenster links neben dem Dokument angezeigt (Abbildung 4). Innerhalb des Reiters „Citavi“ müssen oben in Word Zitationsstil „Zitieren 2.0 (Träger)“ und Literaturverzeichnis „Quellenverzeichnis Zitieren 2.0“ im Dropdown nochmals ausgewählt werden.

Beim Doppelklick auf die zu zitierende Quelle in Word werden die Fußnote und der Eintrag im Quellenverzeichnis automatisch generiert. In der Fußnote sind bei einem indirekten Zitat der Zusatz „Vgl.“, bei Printquellen zudem die zitierten Seiten und ein Punkt zu ergänzen.

Wurde zuvor in der Literaturaufnahme ein Pflichtfeld nicht ausgefüllt, so erscheint in den Verweisen eine Fehlermeldung mit einem Hinweis

Abbildung 4: Arbeiten in Word mit dem Citavi-Add-In

darauf, welches Feld ergänzt werden muss (beispielsweise „[Zuletzt geprüft am fehlt!]"). Die fehlenden Felder können ohne Probleme nachträglich ergänzt werden, wobei sich die Informationen automatisch aktualisieren.

Nach Fertigstellung des Dokuments muss das Quellenverzeichnis in den Blocksatz abgeändert werden. Außerdem muss in Word gegebenenfalls die Formatvorlage für die Citavi-Schrift der Überschriften des Quellenverzeichnisses angepasst werden.

III. Beurteilung der Verwendung einer Literaturverwaltung

Literaturverwaltungen werden von vielen Studierenden als Erleichterung empfunden. Um diesen Nutzen zu realisieren, muss man sich allerdings wie bei jeder Software mit ihrer Funktion und den Möglichkeiten vertraut machen. Investiert man diese Zeit, ist der Nutzen beträchtlich:

- Speziell in Citavi können Medientypen entweder alleine über die ISBN oder über die Online-Recherche-Funktion gefunden und als Quelle integriert werden. Bei anderen Quellen müssen zwar alle Pflichtfelder manuell ausgefüllt werden, jedoch muss dies nur einmal erfolgen.
- Die Verweise im Word-Dokument erfolgen in der korrekten Zitierweise.
- Das Quellenverzeichnis wird automatisch sortiert und mit den gruppierten Überschriften angezeigt. Dies stellt eine enorme Zeitersparnis gegenüber der üblichen Eingabe aller Informationen direkt im Dokument dar.

Möchten Sie einen speziellen Zitationsstil verwenden, so kann dieser mit ein wenig Übung über die Funktion „Zitationsstil bearbeiten …" erstellt oder weiter angepasst werden. Citavi unterstützt dies mit einer ausführlichen Dokumentation im Online-Handbuch.

Der Aufwand der Einarbeitung, Quellensammlung und Anpassung wird bei einzelnen Seminar- oder Hausarbeiten schwer zu rechtfertigen sein. Hier ist man mit einer manuellen Arbeitsweise und Copy & Paste zwischen den Fußnoten schneller.

Literaturverwaltungsprogramme sind jedoch zu empfehlen, wenn ihre Verwendung bereits geübt wurde, wenn ein großer Satz stets gleicher Quellen in verschiedenen Arbeiten verwendet werden soll oder wenn ein großes „Projekt" wie eine wissenschaftliche Abschlussarbeit oder gar eine Dissertation ansteht. Die für Citavi erstellten und unter „http://dr-traeger.de/download/" erhältlichen Zitierstil-Vorlagen können hierbei eine Hilfe sein.

H. Fazit

Gute wissenschaftliche Projektarbeiten verbinden Wissenschaft und Praxis, indem sie reale Probleme der Unternehmen lösen. Sie gehören mit zu den spannendsten Abschlussarbeiten. Autoren solcher Arbeiten zeigen durch den gelungenen Transfer von Wissen und Methoden aus der Theorie in die betriebliche Praxis unmittelbar ihren Nutzen und Wert für die projektgebende Organisation. Studierende können sich dadurch regelmäßig als Fachfrau/Fachmann für bestimmte Themen positionieren und ihrer Karriere nachhaltigen Schub verleihen.

Gängige Probleme und Fragen, die hinsichtlich der wissenschaftlichen Arbeitsweise und hier speziell hinsichtlich des Zitierens aus der Arbeit mit dem Internet, mit elektronischen sowie firmeninternen Quellen auftauchen, hat das vorliegende Buch Zitieren 2.0 für Sie thematisiert und Antworten vorgeschlagen.

Eventuell werden Sie während Ihrer wissenschaftlichen Arbeit einmal mit einer Belegsituation konfrontiert, die bislang noch nicht behandelt wurde und auch in diesem Buch nicht zu finden ist. Hierbei ist zum Beispiel an das Aufkommen neuer Kommunikationskanäle (man betrachte das Entstehen und die rasche Verbreitung von WhatsApp – auch in der firmeninternen Kommunikation) oder Darstellungsformen (die Präsentationssoftware Prezi als Alternative zu Powerpoint) zu denken.

Sollten Sie an einen Punkt kommen, wo neue Fragen auftauchen, arbeiten Sie mit den hier vermittelten Grundsätzen. Zitieren Sie ehrlich und richtig, gestalten Sie Ihre Belege nachvollziehbar und informativ.

In diesem Sinne: Ihnen weiterhin viel Erfolg bei Ihren wissenschaftlichen Arbeiten!

Literatur- und Quellenverzeichnis

Printquellen

Alberth, Markus R. (Zitieren des Internets, 1998): Kurze Gedanken zum wissenschaftlichen Zitieren des Internets, in: Zeitschrift für Betriebswirtschaft (ZfB), 68. Jg., Heft Nr. 12, S. 1367–1374.

Balzert, Helmut/Schröder, Marion/Schäfer, Christian (Wissenschaftliches Arbeiten, 2015): Wissenschaftliches Arbeiten – Ethik, Inhalt & Form wiss. Arbeiten, Handwerkszeug, Quellen, Projektmanagement, Präsentation, 2. Aufl., W3L-Verlag, Dortmund, 2015.

Bortz, Jürgen/Döring, Nicola (Forschungsmethoden, 2006): Forschungsmethoden und Evaluation für Human- und Sozialwissenschaftler, 4. Aufl., Springer Medizin Verlag, Heidelberg, 2006.

Brink, Alfred (Prozessorientierter Leitfaden, 2013): Anfertigung Wissenschaftlicher Arbeiten: Ein Prozessorientierter Leitfaden zur Erstellung von Bachelor-, Master- und Diplomarbeiten, 5. Aufl., Springer Fachmedien, Wiesbaden, 2013.

Bühner, Rolf (Organisationslehre, 2004): Betriebswirtschaftliche Organisationslehre, 10. Auflage, Oldenbourg Verlag, München, Wien, 2004.

Corsten, Martina/Corsten, Hans (Bachelorarbeit, 2017): Schritt für Schritt zur Bachelorarbeit – Erfolgreich organisieren, recherchieren, präsentieren, Verlag Franz Vahlen, München, 2017.

Heesen, Bernd (Wissenschaftliches Arbeiten, 2014): Wissenschaftliches Arbeiten – Methodenwissen für das Bachelor-, Master- und Promotionsstudium, 3., durchgesehene und erg. Aufl., Springer-Verlag, Berlin, Heidelberg, 2014.

Hromadka, Wolfgang/Maschmann, Frank (Arbeitsrecht Band 2, 1999): Arbeitsrecht Band 2 – Kollektivarbeitsrecht und Arbeitsstreitigkeiten, Springer Verlag, Berlin, Heidelberg, New York, 1999.

Jele, Harald (Zitieren, 2012): Wissenschaftliches Arbeiten – Zitieren, 3. Aufl., Kohlhammer, Stuttgart, 2012.

Prexl, Lydia (Digitale Quellen, 2015): Mit digitalen Quellen arbeiten – Richtig zitieren aus Datenbanken, E-Books, YouTube und Co., Ferdinand Schöningh, Paderborn, 2015.

Rossig, Wolfram E. (Leitfaden, 2011): Wissenschaftliche Arbeiten – Leitfaden für Haus- und Seminararbeiten, Bachelor- und Masterthesis, Diplom- und Magisterarbeiten, Dissertationen, 9. Aufl., Berlin-Druck, Achim, 2011.

Runkehl, Jens/Siever, Torsten (Zitat im Internet, 2001): Das Zitat im Internet – Ein Electronic Style Guide zum Publizieren, Bibliografieren und Zitieren, 3., korr. Aufl., Revonnah, Hannover, 2001.

Sandberg, Berit (Wissenschaftlich Arbeiten, 2013): Wissenschaftlich Arbeiten von Abbildung bis Zitat – Lehr- und Übungsbuch für Bachelor, Master und Promotion, 2., akt. Aufl., Oldenbourg Verlag, München, 2013.

Schenk, Hans-Otto (Examensarbeit, 2005): Die Examensarbeit – Ein Leitfaden für Wirtschafts- und Sozialwissenschaftler, Vandenhoeck & Ruprecht, Göttingen, 2005.

Schmidt, Olaf (Abschlussarbeit, 2013): Die Abschlussarbeit im Unternehmen schreiben, UKV Verlagsgesellschaft mbH, Konstanz, München, 2013.

Schweikle, Günther/Schweikle, Irmgard (Hrsg.) (Metzler-Literaturlexikon, 1990): Metzler-Literatur-Lexikon – Begriffe und Definitionen, 2., überarb. Aufl., Metzler, Stuttgart, 1990.

Sonnen, Bernd-Rüdeger (Strafrecht, 2005): Strafrecht – Besonderer Teil, C.F. Müller Verlag, Heidelberg, 2005.

Stickel-Wolf, Christine/Wolf, Joachim (Wissenschaftliches Arbeiten, 2013): Wissenschaftliches Arbeiten und Lerntechniken, 7. Aufl., Springer Gabler Verlag, Wiesbaden, 2013.

Theisen, Manuel René (Wissenschaftliches Arbeiten, 2017): Wissenschaftliches Arbeiten – Erfolgreich bei Bachelor- und Masterarbeit, 17., akt. und bearb. Aufl., Verlag Franz Vahlen, München, 2017.

Voss, Rödiger (Wissenschaftliches Arbeiten, 2010): Wissenschaftliches Arbeiten – leicht verständlich, Lucius & Lucius, Stuttgart, 2010.

Weber, Daniela (Haus- und Seminararbeiten, 2014): Hausarbeiten und Seminararbeiten, Wiley-VCH, Weinheim, 2014.

Weber, Daniela (Wissenschaftliches Arbeiten, 2015): Wissenschaftliches Arbeiten für Wirtschaftswissenschaftler – Untersuchungen planen, durchführen und auswerten, Wiley-VCH, Weinheim, 2015.

Onlinequellen

Althaus, Marco (Graue Literatur [Online], 2012): Graue Literatur und interne Dokumente, [Blogeintrag], veröffentlicht am: 29. Juni 2012, verfügbar unter: <http://w-wie-wissenschaft.blogspot.de/2012/06/graue-literatur-und-interne-dokumente.html>, Zugriff am: 03.05.2015.

Bagusche, Stefan (Zitieren [E-Book], 2013): Richtig zitieren – eine Einführung, Version: 28. Februar 2013, Birkenfeld, 2013, verfügbar unter: <http://www.umwelt-campus.de/ucb/fileadmin/groups/45/Open_access_Dokumente/Zitieren__Crashkurs__-_2013-02-28.pdf>, Zugriff am: 15.03.2016.

Bayerische Staatsbibliothek (Hrsg.) (Netzpublikationen [Online], 2012]: Netzpublikationen im PDF- bzw. PDF/A-Format – Tipps zum Erstellen webfähiger und archivierbarer PDF-Publikationen (Stand: November 2012), verfügbar unter: <http://www.babs-muenchen.de/content/netzpublikationen/PDF-Empfehlungen_der_BSB.pdf>, Zugriff am: 10.01.2016.

Bleuel, Jens (Online publizieren [Online], 2000): Online publizieren im Internet – Elektronische Zeitschriften und Bücher, verfügbar unter: <http://www.bleuel.com/ip-wel.pdf>, Zugriff am: 14.05.2016.

Clements, Jessica /Angeli, Elizabeth /Schiller, Karen /Gooch, S. C. / Pinkert, Laurie /Brizee, Allen (Chicago Manual [Online], 2016]: Chicago Manual of Style 16th Edition, verfügbar unter: <https://owl.english.purdue.edu/owl/resource/717/01/>, Zugriff am: 05.01.2016.

DOI (Hrsg.) (Presentation [Online], 2016): Screen and print presentation, verfügbar unter: <http://www.doi.org/doi_handbook/2_Numbering.html#2.6.1>, Zugriff am: 28.04.2016.

Duden (Hrsg.) (Alphabetische Namenslisten [Online], 2015): Alphabetische Namenslisten, verfügbar unter: <http://www.duden.de/sprachwissen/sprachratgeber/alphabetische-namenslisten>, Zugriff am: 16.02.2016.

EBSCO Industries, Inc. (Hrsg.) (Business Source Complete [Online], 2016): Business Source Complete – Magazines and Journals, verfügbar unter: <https://ebscohost.com/titleLists/bth-journals.pdf>, Zugriff am: 03.01.2016.

Fachbereich IB der DHBW Mannheim (Hrsg.) (Leitfaden [Online], 2011): Leitfaden zur Gestaltung wissenschaftlicher Arbeiten, 3., überarb. Version, Stand: April 2011, verfügbar unter: <http://www.ib.dhbw-mannheim.de/fileadmin/ms/bwl-ib/Downloads_alt/Leitfaden_31.05.pdf>, Zugriff am: 03.05.2015.

Fachbereich IB der DHBW Mannheim (Hrsg.) (Quellenarten [Online], 2015): Wissens- und Datenquellen, verfügbar unter: <http://www.ib.dhbw-mannheim.de/fileadmin/ms/bwl-ib/IB_wiss._Arbeiten/Arten_von_Quellen.pdf>, Zugriff am: 03.05.2015.

Fachbereich IB der DHBW Mannheim (Hrsg.) (Hinweise [Online], 2016): Allg. Hinweise zum wissenschaftlichen Arbeiten, verfügbar unter: <http://www.ib.dhbw-mannheim.de/international-

business/informationen-fuer-ib-studierende/wissenschftl-arbeiten.html>, Zugriff am: 05.03.2016.

GBI-Genios Deutsche Wirtschaftsdatenbank GmbH (Hrsg.) (Über wiso [Online], 2015): Die Online-Datenbank für Studium und Wissenschaft, verfügbar unter: <https://www.wiso-net.de/popup/ueber_wiso>, Zugriff am: 18.12.2015.

Heidemann, Ralf/Maschke, Manuela (Betriebsvereinbarung entwickeln [E-Book], 2012): Eine Betriebsvereinbarung entwickeln – Tipps und Empfehlungen, Hans-Böckler-Stiftung, Düsseldorf, 2012, verfügbar unter: <http://www.boeckler.de/pdf/mbf_bvd_hintergrund_bv_entwickeln.pdf>, Zugriff am: 08.03.2016.

Leist, Susanne (Richtlinien [Online], 2010): Richtlinien zur Anfertigung von wissenschaftlichen Arbeiten und Präsentationen, verfügbar unter: <http://www-be.uni-regensburg.de/images/institute/winfo/leist/formale_richtlinien_2011-05-23.pdf>, Zugriff am: 03.05.2015.

Longurl.org (Hrsg.) (URL Shortening Services [Online], 2016): URL Shortening Services, verfügbar unter: <http://longurl.org/services>, Zugriff am: 10.01.2016.

Sicking, Marzena (Betriebsgeheimnisse [Online], 2010): Betriebsgeheimnisse und Verschwiegenheitspflichten – Worüber Arbeitnehmer reden dürfen und worüber sie besser schweigen sollten, verfügbar unter: <http://www.heise.de/resale/artikel/Betriebsgeheimnisse-und-Verschwiegenheitspflichten-1134389.html>, Zugriff am: 12.02.2016.

Swiss Academic Software GmbH (Citavi Handbuch [Online], 2018): Citavi 5 Handbuch, verfügbar unter: <https://www.citavi.com/sub/manual5/de/>, Zugriff am: 27.01.2018.

Swiss Academic Software GmbH (Citavi Kurzeinführung [Online], 2016): Citavi 5 - Kurzeinführung, verfügbar unter: <http://www.citavi.com/service/de/docs/Citavi_5_Kurzeinfuehrung.pdf>, Zugriff am: 27.01.2018.

Technische Hochschule Ingolstadt (Hrsg.) (Zitierregeln [Online], 2015): Zitierregeln nach DIN ISO 690, V.1 vom 18.03.2015, verfügbar unter: <https://www.thi.de/fileadmin/deprecated/fileadmin/daten/bibliothek/dokumente/Zitieren_nach_DIN_ISO_690.pdf>, Zugriff am: 23.10.2015.

Technische Universität München (Hrsg.) (Vergleich Literaturverwaltungsprogramme [Online], 2018): Literaturverwaltungsprogramme im Vergleich, verfügbar unter: <https://mediatum.ub.tum.de/doc/1316333/1316333.pdf>, Zugriff am: 27.01.2018.

University of Alberta (Hrsg.) (APA Citation [Online], 2016): APA Citation Style QuickGuide, Version vom 25.02.2016, verfügbar unter:

<http://guides.library.ualberta.ca/augustana/citing#APA>, Zugriff am: 24.04.2016.

University of Alberta (Hrsg.) (MLA Citation [Online], 2016): MLA Citation Style QuickGuide, Version vom 19.01.2016, verfügbar unter: <http://guides.library.ualberta.ca/augustana/citing#MLA>, Zugriff am: 24.04.2016.

Verbundzentrale des GBV (Hrsg.) (Gemeinsamer Verbundkatalog [Online], 2016), GVK – Gemeinsamer Verbundkatalog, verfügbar unter: <http://gso.gbv.de/>, Zugriff am: 03.01.2016.

W.A.F. (Hrsg.) (Inhalt von Betriebsvereinbarungen [Online], 2016): Betriebsvereinbarung, verfügbar unter: <http://www.br-wiki.de/Betriebsvereinbarung#Inhalt_von_Betriebsvereinbarungen>, Zugriff am: 09.03.2016.

Weber, Stefan (Web-Sampling [Online], 2006): Wissenschaft als Web-Sampling – Wie an Universitäten in Windeseile eine Textkultur ohne Hirn entstanden ist – Teil 3, verfügbar unter: <http://www.heise.de/tp/druck/mb/artikel/24/24221/1.html>, Zugriff am: 20.04.2016.

Willamowski, Marcus (Zitierfähigkeit [Online], 2000): Zitierfähigkeit von Internetseiten, JurPC Web-Dok. 78/2000, 2000, <doi:10.7328/jurpcb/200015575>.

Stichwortverzeichnis